"十四五"职业教育国家规划教材

美术基础

主　编　谭　芳

副主编　梁　英

参　编（排名不分先后）

　　　　夏　铭　李秀莲

　　　　李爱娟　谢印佳

北京理工大学出版社

BEIJING INSTITUTE OF TECHNOLOGY PRESS

图书在版编目（CIP）数据

美术基础/谭芳主编.—北京：北京理工大学出版社，2023.7重印
ISBN 978-7-5682-4635-4

Ⅰ.①美… Ⅱ.①谭… Ⅲ.①美术课－学前教育－教材 Ⅳ.①G613.6

中国版本图书馆CIP数据核字（2017）第199432号

出版发行／北京理工大学出版社有限责任公司
社　　址／北京市海淀区中关村南大街5号
邮　　编／100081
电　　话／（010）68914775（总编室）
　　　　　（010）82562903（教材售后服务热线）
　　　　　（010）68944723（其他图书服务热线）
网　　址／http：//www.bitpress.com.cn
经　　销／全国各地新华书店
印　　刷／定州市新华有限责任公司
开　　本／787毫米×1092毫米　1/16
印　　张／10.25　　　　　　　　　　　　　　　　责任编辑／张荣君
字　　数／216千字　　　　　　　　　　　　　　　文案编辑／张荣君
版　　次／2023年7月第1版第7次印刷　　　　　　责任校对／周瑞红
定　　价／33.90元　　　　　　　　　　　　　　　责任印制／边心超

图书出现印装质量问题，请拨打售后服务热线，本社负责调换

前言

学前教育专业教材《美术基础》的编写以《幼儿园教师专业标准（试行）》和《教师教育课程标准（试行）》为依据，以帮助学前幼儿教师充分认识幼儿美术教育的价值为基本导向，并将专业知识、专业能力和专业发展有机结合，彰显学前教育专业美术教育的特点。

本书以党的二十大精神为引领，以社会主义核心价值观为导向，坚持知识传授与价值引领相结合，落实立德树人根本任务，坚持"以美育人、以文化人"，提高学生艺术素养，培育深厚民族情感，激发创新意识，着力培养具有专业精神、人文精神和综合职业素养的能担当民族复兴大任的应用型人才。

本书采用教学单元的编写方式，突破传统美术学科体系的束缚，造型基础课程以技能训练、审美素养训练、创意精神培养为基本要求，充分体现了幼儿教师教育课程理念，重视学前幼儿教师职业技能和执业能力的培养。全书共分美术常识、美术鉴赏、素描、色彩、平面设计、版画6个教学单元，涵盖学前教育专业体系中美术教学的基本内容。其中既有美术学科的基础知识和技能训练，也有幼儿教师必备的与幼儿园教育实践紧密联系的美术技能与训练；既关注美术学科知识的系统性，又注重学前幼儿教师职业的养成性，同时还具有一定的灵活性和拓展性。

谨向编者及提供帮助的老师们致以谢意，本书存在的不足之处，希望专家及教材使用者提出宝贵意见，在再版时予以修订提高。

编　者

MULU

目 录

目录

MULU

单元一 美术常识

学习导言

　　"美术"这一名词始见于17世纪的欧洲，也有人认为正式出现于18世纪中叶。近代日本以汉字意译，"五四"时期传入中国开始普遍应用。关于美术的起源有"模仿说""劳动说""游戏说""巫术说""表现说"等5种说法，现在认为美术的起源应是上述多元因素发展的结果。美术和人类生活联系十分密切，本单元讲解美术的基本常识。

第一节　美术的概念及分类

一、美术的概念

　　美术是一种造型和空间艺术，是指运用一定的物质材料，通过特定的造型艺术手段塑造出可视的平面或立体形象的艺术。美术创造是人类文明发展的重要而鲜明的标志之一，

它和人类社会发展有着密切的关系，人类活动最早的证据是以视觉形式记录的。美术的分类有多种，主要包括绘画、雕塑、工艺美术、建筑艺术等类型。随着时代的发展，美术囊括的范围也在不断扩大，如影视艺术、行为艺术等。

二、美术的分类

（一）绘画

绘画是造型艺术中最主要的一种艺术形式，是指运用线条、色彩和形体等艺术语言，通过造型、设色和构图等艺术手段，在二维空间（即平面）里塑造出静态的视觉形象，以表达作者审美感受的艺术形式。从绘画的材料上来分，可以分为中国画、油画、版画、水彩画、水粉画、漆画、素描等形式；从绘画的题材上来分，可以分为人物画、动物画、静物画、风景画、历史画、宗教画、风俗画等形式；从绘画的功能上来分，可以分为宣传画、广告画、壁画、年画、漫画、书籍插画等形式。

人类文明的发展是由绘画开始的，人类最早的绘画遗迹距今已有上万年的历史，冰河时期出现在西班牙和法国南部洞壁及岩石上的动物图形标志着人类绘画的萌芽，如图1-1-1所示。中国绘画的历史悠久，我国素有书画同源之说，有人认为伏羲画卦、仓颉造字，是为书画之先河，远在新石器时代的祖先们就已创作了原始岩画和彩陶画，距今2000多年前的战国时期就出现了画在丝织品上的画——帛画，如图1-1-2所示。

图1-1-1　阿尔塔米拉洞穴壁画

图1-1-2　人物御龙图（战国）

（二）雕塑

雕塑是指用各种可雕、可塑材料创造出可视、可触的造型形象的一种艺术，又称雕刻。雕塑有3种基本形式：圆雕、浮雕、透雕。它的基本特征是作品自身的实体性，由各种可塑材料（如石膏、树脂、黏土等）或可刻、可雕的硬质材料（如木材、石头、金属、玉块、玛瑙等）制作而成。雕塑按使用材料可以分为木雕、根雕、石雕、骨雕、玉雕、漆雕、冰雕、泥雕、面塑等，按其功能可以分为纪念性雕塑、主题性雕塑、装饰性雕塑、陈列性雕塑。随着科学技术的发展和人们观念的改变，现代雕塑则出现了用新型材料结合声光电等制作的反传统的四维雕塑、五维雕塑、声光雕塑、动态雕塑和软雕塑等。西方古代时期的雕塑在很长的一段时间内主要是为图腾、魔法和宗教服务。中国在原始社会末期，居住在黄河和长江流域的原始人，已经开始制作泥塑和陶塑了。如图1-1-3所示为兵马俑陶塑作品。

雕塑是静态的空间形象，被称为"凝固的舞蹈"，具有超功能的形体美和更纯粹的表现力。雕塑一般没有背景，较难表现出具有复杂情节或关系的场景，因此它很注重外部形象塑造的单纯性，以便更集中地体现出思想观念的纯粹性，如图1-1-4所示。

图1-1-3　兵马俑

图1-1-4　城市雕塑

（三）工艺美术

工艺美术通常指的是美化日常生活用品和生活环境的造型艺术，它的突出特点是物质生产与美的创造相结合，以实用为主要目的，并具有审美特性。工艺美术既是一种物质

产品，也是一种精神产品，它的视觉形象体现了一定时代的审美观。工艺美术的类别较为复杂，按其适用性可分为两大类：一是实用工艺，即经过装饰加工的生活实用品，如染织工艺、陶瓷工艺、家具工艺等；二是陈设工艺，即专供欣赏的陈设品，如象牙雕刻、玉石雕刻、装饰绘画等。我国的传统工艺美术具有悠久的历史，以及浓郁的地方特色和民族风格，如四大名绣、北京景泰蓝、宜兴紫砂陶艺、新疆维吾尔族土陶等。图1-1-5所示为具有民族风格的少数民族服饰。

工艺美术的起源可以追溯到人类起源时期，史前考古学的成就说明：一种充分发展了的复杂化的艺术在冰河时期就存在着。这段时期内，人类学会了用符号来装饰自己、装饰工具、装饰坟墓及居住的房屋，因此可以认为工艺美术起源于人类开始制造工具的时代，是在一个极其漫长的过程中逐渐形成的。我国工艺美术品的制作较早，如新石器时代已有彩陶，商代以前已有刻纹白陶、玉器等，这些器物写实的造型和图案化的手法即表现出很强的实用性和艺术性，如图1-1-6所示。

图1-1-5　少数民族服饰

图1-1-6　玉石雕刻

（四）建筑艺术

建筑是建筑物和构筑物的统称，是人们用砖、石、瓦、木、铁等物质材料在固定的地理位置上修建或构筑内外空间、用来居住和活动的艺术。从使用的建筑材料上来分，可分为木结构建筑、砖石建筑、钢筋水泥建筑、钢铁建筑等；从使用的角度上来分，可分为住宅建筑、生产建筑、文化建筑、园林建筑、纪念性建筑、陵墓建筑、宗教建筑等；从建

筑风格上来分，可分为中国的庑殿式、歇山式、硬山式、悬山式、攒尖式和西方的罗曼式、巴洛克式、哥特式、古典主义式等。

在原始社会，建筑的发展是极其缓慢的，在漫长的岁月里，祖先们从建造穴居和巢居开始，逐步掌握了营建地面房屋的技术，创造了原始的木架和石垒建筑，既可以满足最基本的居住需要，也可以开展祭祀等公共活动。建筑特征总是在一定的自然环境和社会条件的影响和支配下形成的，全世界各地的地质、地形地貌、气候、水文条件变化很大，各民族的历史背景、文化传统、生活习惯各不相同，因而形成许多各具特色的建筑风格，如图1-1-7和图1-1-8所示。

图1-1-7　苏州博物馆

图1-1-8　俄罗斯红场

第二节　美术与幼儿美术

一、幼儿美术的概念

幼儿美术是3～6岁儿童所从事的造型艺术活动，是儿童表达自我的方式，它反映着儿童内在的情感、认知和经验，是一种创造性活动。幼儿美术有其自身的发展规律，也存在着个体差异，它的发展需要成人的关注和引导。幼儿的美术活动包含了绘画、手工、美术欣赏三方面的内容。具体来说，幼儿绘画从所使用的工具、材料及表现形式上区分，可分为油画棒画、彩色铅笔画、粉笔画、水墨画、彩色水笔画、手指画、棉签画和水粉画等；从绘画的性质上区分，可分为命题画、想象画、故事画、填色画和集体创作画。幼儿手工可分为纸工、泥工等。幼儿美术欣赏则是指幼儿通过对各种艺术作品和具有美的环境的认识和观赏，从而受到艺术的感染，得到精神上的愉快的活动。

在19世纪末以前，人们并没有把儿童的绘画、手工、美术欣赏作为一种艺术来看待，那时的人们还未曾用特殊的眼光关注过儿童，因此更谈不上对儿童美术的发展和关注。其实在儿童发展和成长的过程中，绘画、手工等是比语言文字更早被儿童用来表述思想、情感和经验的手段。美术活动的具象性和幼儿直观形象性的思维特点非常一致，所以绘画、手工、美术欣赏等活动理所当然地成为幼儿表现自我的最佳方式，幼儿视美术活动为游戏，这类游戏活动是他们表达、宣泄情绪情感的"另一种语言"，他们经常借助这一语言，表达自己的情感、美好的愿望，宣泄愤怒，流露忧伤。幼儿的美术作品就像一面镜子，清晰地映照出他们的思想和心态，以及对现实生活的感受和看法。

二、幼儿美术的特点

经研究，人们发现儿童美术心理的发展呈现阶段性递进的特点。以绘画为例，幼儿3岁以前的绘画心理发展阶段为涂鸦期，表现为无意识的乱涂乱画；3～5岁时为象征期，即为事物象征性地画一个粗略的轮廓并命名；6～12岁进入图式期，能有目的、有意义地再现周围事物和表现自己的经验；12岁后进入写实期，倾向客观观察事物的轮廓细节。幼儿绘画活动主要集中在3～6岁象征期和图式期阶段，此年龄层次的幼儿绘画呈现的特点是从简单表达到复杂表现，从意象到再现，如图1-2-1和图1-2-2所示。幼儿的手工活动也有其自身的发展规律，在3～6岁，经历了无目的玩耍期、基本形状知觉期、样式化表现期3个阶段。幼儿阶段的手工活动意义在于体验材料和通过简单的技能改变材料以表达美的情感，手工活动工具材料的开放性促进了幼儿的创造个性发展，如图1-2-3和图1-2-4所示。

图1-2-1　吴雨蒙　4岁

图1-2-2　丁钰轩　6岁

图1-2-3　基本形状

图1-2-4　样式化表现

　　幼儿美术与成人美术之间是一种什么样的关系，这是美术研究者近百年来一直未停止探讨的课题，迄今为止的研究成果表明，幼儿美术与成人美术，不是低级和高级的关系，也不是一个是另一个的基础的隶属关系。幼儿美术活动是其自身的需要，是他们对世界独特的认识与把握，由于幼儿在使用美术媒介时比青少年或成人更为自由，更少束缚，没有美术技法的清规戒律，也不受客观现实的限制，这就使他们的美术作品常表现出没有雕琢过的心灵的纯真，具有潜在意识的思考和欲求，其作品有可能达到别开生面的艺术境界。

　　艺术家毕加索曾说："我很小的时候就能画得跟成人一样，但我花了很长时间才学会像孩子那样画画。"现代美术家甚至主动以幼儿美术的形式和趣味为依归，力争脱离成人社会的主流艺术创作陈规，以拓展自己的表现力并获得独特的艺术个性。立体主义画家有意识地从多重视点描绘物体，运用平面空间并改变形象——这是儿童在艺术的自然发展过程中的典型方法。保罗·克利（P. Klee）等美术家努力消除他们作品中的成人痕迹，以便获得与幼儿美术一样的表现性和趣味性，如图1-2-5和图1-2-6所示。

图1-2-5　克利作品

图1-2-6　毕加索作品

如果用成人的审美观来要求幼儿美术作品，会认为幼儿的绘画作品画得不美观，比例失调，手工作品造型怪异。如果用成人的技能、技巧衡量儿童美术作品，会认为幼儿画得不像，做得与实物常态不符。但幼儿美术的意义在于他们在创造自己的符号语言来表达与探索世界，其符号语言体现出个人经验衍生的审美观，这种个性化的审美想象是一切创造力的源泉。

拓展训练

1. 请在日常生活中寻找各种类别的美术作品，观察它们出现在什么场所，从适用性上看它们是属于什么性质的？

2. 请收集几幅幼儿美术作品和成人美术作品作比较欣赏，观察两者线条、构图、色彩的画面效果有什么不同。

单元二 美术鉴赏

学习导言

美术是一种视觉艺术，美术鉴赏是既涉及美术作品本身的艺术魅力和审美价值，又涉及鉴赏者的知识、能力、修养和复杂的心理过程。美术鉴赏是通过视觉感知和相关经验来由表及里地感受艺术品的丰富内涵，不仅使观赏者得到视觉上的形式美感，而且可以体验到蕴涵于作品中的思想感情。本单元将带大家一起欣赏古今中外的美术作品。

第一节 绘 画

绘画作品种类繁多，极具特色，按其表现形式主要分为中国画、油画、水彩画、素描、水粉画、版画等。

（一）中国画

中国画历史悠久，美术底蕴深厚，最早出现于战国时期丝织品上的绘画中；汉朝时

9

期，人们认为中国是居天地之中者，所以称为中国，将中国的绘画称为中国画，简称"国画"。国画是用毛笔、宣纸、水墨及专用颜料等绘制成的中国传统绘画，它讲究笔墨运用和意蕴表达，按表现对象可以分为人物画、山水画和花鸟画3种，按表现语言可以分为工笔和写意两种。

如图2-1-1所示，《清明上河图》是北宋画家张择端的代表作，他采用中国画传统的长卷形式，运用散点透视构图法，展现了北宋都城汴梁郊外河边及东角门里市区清明时节的繁荣市井的生活风貌。整幅画具有高度的艺术概括力，主要分为3个部分，卷首部分为郊区农村风光，中间部分是以虹桥为中心的汴河及两岸的车船运输，后段为城门内外，街道纵横交错，人流如织，各式店铺，车水马龙的繁荣景象。画卷充满了戏剧性的情节和引人入胜的细节描写，有铺垫和起伏高潮，其中最精彩的部分是在中间部分船过虹桥时的紧张场景，对船过桥时紧张的节奏表现得十分恰当，对人物的刻画惟妙惟肖，艺术表现真切生动，画面疏密相间、有条不紊，具有高度的历史真实性，形象地展示了北宋时期经济繁荣，百姓安居乐业的现状，是我国古代历史上具有重要意义的杰出作品之一。

图2-1-1　清明上河图

如图2-1-2所示，《泼墨仙人图》是现存最早的一幅泼墨写意人物画，画家梁楷用笔率性洒脱，寥寥数笔便勾勒出一位袒胸露怀、宽衣大肚、步履蹒跚、憨态可掬又令人发笑的仙人形象。采用最简单的构图，未有过多的衬托和装饰，内容简洁自然。首先映入眼帘的是画面中大面积泼洒的墨色，主要在仙人宽阔的肩部和腰带处，似乎看到了一位不拘小节却又十分讲究的仙人，画家有意地将仙人额头处做夸张处理并用细笔绘制，使得五官挤在小面积处、垂眉细眼、扁鼻撇嘴，嘴角露出丝丝微笑，仿佛看尽世间百态，可谓笔简神具，绝妙地表现了画家洞察世事又难得糊涂的生活态度。

如图2-1-3所示，《小蝌蚪找妈妈》是一幅充满张力的水墨动画，造型皆取自于齐白石笔下的水墨鱼虾形象，画家用笔泼辣，构图奇特而又稳定，上实下虚，运用简洁的叙事

手法进行创作。优美的荷塘景色，一个个灵动跳跃的小黑点在水中欢快地摆动，浓墨点头，淡墨描尾，来回窜动寻找妈妈，开心时欢快地跳跃，难受时缓缓地游动，惟妙惟肖地描绘出小蝌蚪的感情变化。池塘里碧波荡漾，水纹若隐若现，远处荷叶摇曳，好似在说快来，你们的妈妈在这里，童趣十足，天真烂漫，迸发出了勃勃生机。画家以写意没骨法表现荷叶、青蛙、蝌蚪、水纹等景象，以水墨的浓淡区分事物的外形，几乎近符号化，表现了中国画"似与不似之间"的美学意蕴。

图2-1-2 泼墨仙人图

图2-1-3 小蝌蚪找妈妈

（二）油画

油画是采用快干性的植物油调和颜料，在画布和木板上进行描绘的西方传统绘画。油画颜料容易调和、覆盖力强，绘画时可以由深到浅、逐层覆盖使画面产生立体感。画面所附着的颜料有较强的硬度，当画面干燥后，能长期保持光泽，因此很适合收藏保存。

如图2-1-4所示，《向日葵》是荷兰画家凡·高在阳光明媚灿烂法国南部所做，他运用简练的笔法表现植物形貌，充满了蓬勃的生命力和律动感，画中的向日葵像闪烁着的熊熊火焰，华丽多彩、优雅细腻，富有运动感的笔触粗厚有力，画家用奔放的激情使其中的每一朵向日葵都获

图2-1-4 向日葵

11

得了强烈的生命活力。单纯的色彩、坚实的造型，也显示出了他非凡的绘画技巧。画面以黄色和橙色为主调，用绿色和蓝色的细腻笔触勾勒出花瓣和花茎，一朵花的中心也使用了蓝色。籽粒上的浓重色点具有醒目的效果，纤细的笔触力图表现花盘的饱满和纹理，充分地表达画家内心充满渴望和平和阳光的美丽世界。

如图2-1-5所示，这幅《舞蹈教室》是印象派画家德加的作品，是作者《芭蕾舞女》系列中最有代表性的一幅，绘画作品颠覆传统规则的快照式构图，呈现了印象画派对捕捉当代生活主题的热情。生动的笔法、明亮轻盈的色彩带有印象派的典型特色。画作还巧妙运用了日本版画"中断"构图的戏剧性技巧，结合传统形式和现代技法，赋予日常生活以全新的现实活力。

如图2-1-6所示，《父亲》由画家罗中立采用照相写实主义手法，刻画了一位普通朴实的老年农民形象。画面构图饱满，色彩深沉又具内涵，内容细腻且含蓄，岁月在老人古铜色的脸上留下了道道皱纹，深陷的双眼流露出既迷茫又恳切的目光，像是缅怀过去又似期待未来，干裂焦灼的嘴唇不知尝遍多少人间苦楚，粗糙的手上端着一个破旧的茶碗，额头上细小的汗珠慢慢滑落，身后便是他辛苦勤劳换来的累累硕果。这些无时无刻不打上他艰苦的烙印，但又对生活充满期待的乐观精神。画家将父亲的"丑"真实展现，旨在突出当时背景下中国农民生活的真实写照。

图2-1-5　舞蹈教室

图2-1-6　父亲

（三）水彩画

水彩画是用水调和透明的水溶性颜料作画的一种绘画方法，简称水彩。由于色彩透

明，一层颜色覆盖另一层可以产生特殊的效果，但受颜料调和的限制，且颜色过多或覆盖过多会使画面色彩肮脏，因此不适合绘制大幅的作品。与其他绘画相比较，水彩画对水的运用十分讲究，可分为"干画法"和"湿画法"两种。

如图2-1-7所示，《摩洛哥小镇》表现的是一幅阳光明媚、天空一片蔚蓝、一栋栋被艳阳照射的楼房极具异国风情的画面。画面主要分为3个层次，天空、受光建筑和背光建筑。画家采用冷暖对比色表现受光建筑和背光建筑，阳光透过墙面反射到地上呈现出亮白色，画面左边的树在蓝天背景中的亮枝条是趁天空颜色未干时刮出来的，生动而自然，画面有一气呵成的快感。画者精湛的技艺将自然之美与水彩的语言美融为一体，反映了传统技法的迷人魅力。

如图2-1-8所示，《都市情怀》表现的是上海大都市富丽繁华的景象。画家大胆地打破传统的和谐美的准则和一般水彩画的要求，整幅画面中用主观唯美的创意，塑造了画家意念中的景象和精神空间。先用五彩缤纷的大色块肆意洒脱地表现事物的意象，营造基调，再根据记忆的意象层层叠加，构建出形形色色的肌理纹路。使得绚丽多彩的大都市的繁华意境在抽象与具象中交织，暴风雨般的笔触中产生了引人入胜的朦胧之美。

（四）素描

素描简而言之就是一切单色的绘画，是绘画的基础。从使用的材料来分，可分为木炭素描、铅笔素描、钢笔素描、毛笔素描等；从题材来分，可分为石膏像素描、风景素描、静物素描、人体素描；从绘画目的来分，可分为作为构想的素描、用作画稿的素描、速写、作品、习作。

如图2-1-9所示，《母亲肖像》表现了一位老态龙钟的妇人饱经沧桑的脸上透露出一股独

图2-1-7　摩洛哥小镇

图2-1-8　都市情怀

图2-1-9　母亲肖像

特的美感的形象。画家用简单而节奏分明的线条正确地勾勒出年迈多病的老母亲形象。她已风烛残年、历尽苦难，备受风霜的侵蚀，脸上留下了许多生活的印痕。她那隆起的颧骨、布满皱纹的前额、稍鼓的眼珠、尖长的鼻梁和薄而紧闭的嘴唇，这一切细节是画家真挚的感情流露。由于岁月的磨损，老人的脸庞不仅消瘦，还暴起了道道青筋，唯有一对眼睛依然炯炯有神。画家没有在老人脸上加更多阴影，只在颈项外加重了阴影的色调，使脸形更加突出。运线的轻重缓急极有分寸，而且比较洗练，肖像的神态仅仅几笔便跃然于画纸上。

（五）水粉画

水粉画是水和粉调和并借助一定媒介呈现出来的作品，其特点是水粉干湿变化大，在不透明和透明之间。较水彩而言，水粉可以多次覆盖叠加；较油画而言，水粉不易保存。

如图2-1-10所示，《鸡冠花》是一幅比较写实的花卉静物水粉画，画家林风眠采用方形构图，花卉呈扇子形态展开，花的高低、大小、穿插安排得非常生动；使用的笔法丰富多样，有力地表现出鸡冠花的形象和质感；用色厚薄得当，主体花卉颜色厚，色彩饱和鲜艳、光辉耀眼；背景、桌面色薄，使用水分较多，色调柔和，具有纵深感，使得整个画面构图饱满紧密。

图2-1-10　鸡冠花

（六）版画

版画是用刀或化学药品等在板材上雕刻或蚀刻后印出来的图画。按制作方法可分为木版（凸版）、石版（平版）、铜版（凹版）、丝网版（孔版）等种类。当今的版画在表现语言、色彩、概念上，早已不是用刀在木头上刻画所能概括的。

如图2-1-11所示，《高原姑娘》表现的是游牧民族的高原女子放牧的场景，画家很好地把握住人物在放牧时瞬间的神情和精神状态，对人物进行了细微的刻画描写，尤其将人物主体和后面

图2-1-11　高原姑娘

的牛群及背景做了适当的处理，主次分明。人物主要采用浅色系，背景部分用重色，对于服饰道具的描绘也十分精细，画家故意让外套脱落一部分露出里面红色的衣服，使得主体人物的形象更加鲜明地展现在观众面前，作者凭借勤劳的女性形象来歌颂生命、赞美人生。

（七）作品欣赏

欣赏下列作品，如图2-1-12～图2-1-25所示。

作品欣赏

图2-1-12　人物素描（安格尔）

图2-1-13　溪山行旅图（宋·范宽）

图2-1-14　风景速写（耿庆雷）

图2-1-15 大卫（喻红）

图2-1-16 万山红遍（李可染）

图2-1-17 米脂婆姨（刘文西）

作品欣赏

图2-1-18　归（陈和西）

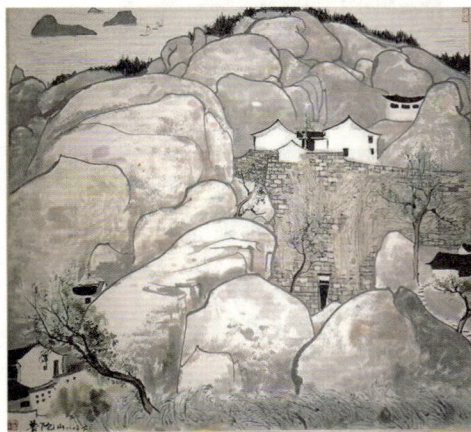

图2-1-19　山峦（吴冠中）

图2-1-20　奔马（韩美林）

图2-1-21　静物2（刘寿祥）

图2-1-22　古村（熊建明）

图2-1-23　沂蒙娃（王忻东）

图2-1-24　戴珍珠耳环的少女（维米尔）

图2-1-25　赶集（黄永玉）

第二节　雕　塑

　　雕塑是造型艺术的一种，是以一定的物质材料和制作手段创造出具有一定空间的可视、可触的艺术形象，借以反映社会生活，表达艺术家的审美感受、审美情感和审美理想的艺术。雕塑又称雕刻，是雕、刻、塑3种创制方法的总称，其制作手段有雕刻、塑、堆、贴、焊、敲等，圆雕、浮雕和透雕（镂空雕）是其基本形式。从发展来看，可分为传统雕塑和现代雕塑；从材料上看，可分为木雕、石雕、玉雕、铜雕等；从功能上看，可分为纪念性雕塑、陈列性雕塑、主题性雕塑、装饰性雕塑等。

（一）圆雕

　　圆雕又称立体雕，是艺术在雕件上的整体表现，欣赏者可以从多角度看到物体的各个面，这就要求艺术创作者从全方位推敲他的构图。圆雕表现手法精炼，要求高度概括、精简，因此圆雕不太适合表现烦琐的场景。

　　如图2-2-1所示，《击鼓说唱俑》表现了一位民间艺人正在兴高采烈地说书的场景，他席地而坐，头部硕大，裹着头巾，额头前布满了皱纹，赤膊敛足，左臂环抱着一个圆鼓，右手拿着鼓槌高高举起，仿佛他的表演已经到了高潮部分，有点得意忘形的样子。他神情激动，表情夸张，不由自主地手舞足蹈起来，极具感染力，创作者富有想象力和创造力的夸张表现，体现了汉代艺术特有的生动活泼的气势。

图2-2-1　击鼓说唱俑

（二）浮雕

　　浮雕是创作者在平面上表现出凹凸起伏形象的半立体雕塑，根据图像凹凸的程度，可分为高浮雕和浅浮雕两种：①高浮雕，空间造型上更接近圆雕的处理方式，往往利用三维形体的空间起伏或夸张处理，形成浓缩的空间深度感和强烈的视觉冲击力；②浅浮雕，凹凸低，层次少，几乎接近绘画，多利用透视、错觉和表现手法来创造效果，更易表现题材所具有的节奏、韵律及作品的内在情感。

　　如图2-2-2所示，《马赛曲》是在法国大革命时期，为了迎接国王拿破仑从战场胜利归来的背景下创作的。作品分为上下两部分：上部分为一位象征自由、胜利、和平的自由女神，右手执剑，左手高举，她张开翅膀向着人们向往自由和胜利的地方飞去，身上飞舞

飘动的衣裙，奔放有力，体现了一种高涨的革命热情，加强了浮雕的前进感和内在的激情；下部分为一群蜂拥的志愿军战士，一位长着络腮胡子的战士站在中间，神情激动昂扬，左边紧靠着他的少年是他儿子，坚定而又有激情，旁边还有手持宝剑的年迈战士和吹号角的青年，所有的人物组合成一个整体，显示了战斗前剑拔弩张的气势。雕塑中的细节部分与人物浑然一体，增加了雕塑的感染力和真实性，稳定而统一，具有千军万马之势。

图2-2-2　马赛曲

如图2-2-3所示，《五四运动》是人民英雄纪念碑南面浮雕居中的部分画面，刻画的是一群充满正义的爱国青年学子在天安门前发表慷慨激昂的演说场景。画面以一位站在长凳上的正在义正词严的青年学生为中心，周围环绕着各种不同职业和身份的听众，画面左侧是一位女青年正在向人群中发放传单，右侧的观众整体向左倾斜，与正在演讲的学生相呼应。作品构图主次分明，层次丰富，线条流畅生动，圆转多变，人物体积感强，个性特征鲜明，表现了中国人民万众一心、共同抗日的爱国之心。

图2-2-3　五四运动

（三）透雕

透雕可分为两种：①在浮雕的基础上，使其背景镂空，可以单面或双面雕刻；②是介于圆雕和浮雕间的一种雕刻形式，称"凹雕"，镂空雕也是透雕的一种。

如图2-2-4所示，《龙凤纹玉环》是西汉王室墓出土的透雕作品之一，主题纹饰为双面透雕曲缠盘绕变体飞龙，与整器浑然为一体，给人以云蒸霞蔚、龙飞凤舞之动感。雕琢刀法娴熟圆润，线条流畅舒展，构思巧妙，造型优美，玲珑剔透，小巧精致。

（四）作品欣赏

欣赏下列作品，如图2-2-5～2-2-14所示。

图2-2-4　龙凤纹玉环

作品欣赏

图2-2-5　伏虎（西汉　霍去病墓石雕）

图2-2-6　马踏匈奴（西汉　石雕）

图2-2-7
英雄雕塑（天安门广场）

图2-2-8　雕塑（南京）

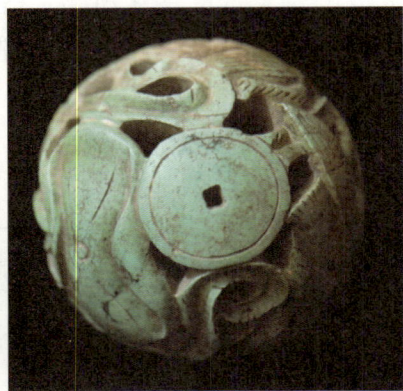

图2-2-9　松石大圆球（透雕）

图2-2-10　桃源（木雕）

图2-2-11　麒麟献瑞（透雕）

图2-2-12
秦陵兵马俑1

作品欣赏

图2-2-13　吴哥窟浮雕

图2-2-14　秦陵兵马俑2

第三节 工艺美术

工艺美术又称实用美术，既指美化生活用品和生活环境的艺术，也指具有审美特性和实用价值的工艺品。工艺美术既是物质产品，又具有审美价值。作为物质产品，它反映了一定时期的文化和物质生产水平；作为精神产品，它的视觉形象又体现了一定时期的审美观。

工艺美术种类繁多，按功能主要分为两大类：一种为日用工艺，另一种为陈设工艺。日用工艺即经过装饰加工的生活实用品，如染织工艺、陶瓷工艺、家具等；陈设工艺即专供欣赏的陈设品，如装饰绘画、玉石雕刻等。工艺美术涉及日常用品的很多方面，把实用品艺术化，或者把艺术品实用化。以下主要从民间剪纸、陶瓷、漆艺等方面来具体阐释工艺美术。

一、民间剪纸

剪纸又称刻纸，是流传于我国民间的一种艺术形式，也是中国最古老的民间艺术之一。剪纸朴实生动，取材广泛，表现夸张，具有独特的装饰性、趣味性和审美性，由于制作工具、材料、操作方式简单，使其具有大众性和普及性，并显示出顽强的生命力。

原始时代，剪纸是在树叶上进行镂空的，随着时代的发展，今天的剪纸也从地域、题材、内容、材质的不同，分为多种形式来呈现。在地域差异上，剪纸在南北方的表现风格各不相同，北方剪纸以粗犷豪放、造型简练著称，代表地区主要是山西、陕西和山东等地；南方剪纸以构图繁茂、精巧秀美著称，代表地区主要是广东、福建和浙江一带。剪纸的题材也有民间歌谣、传说等，多用于婚庆寿宴、重大节日。中国剪纸承载着我国劳动人民的智慧和对美的追求，并已被列入世界艺术文化遗产。

图2-3-1所示是以民间歌谣《小老鼠上灯台》为主题制作的剪纸，如山东地区的歌谣为"小老鼠，上灯台，偷油吃，下不来。叫妈妈，妈不来，叽里咕噜滚下来。"这类歌谣大多是老人照看儿孙时的创作，既哄了孩子，也教育了孩子。儿歌幽默风趣，剪纸生动形象。整个作品生动活泼、清新明快、质朴丰润、颇具情趣。剪纸歌谣在各个地方的节日上也会有流传，如河南地区每当求雨时，就会剪个"扫天婆婆"挂在树上。其民谣为"扫天婆婆扫得欢，扫了一遍又一遍。扫来黑云遮太阳，顷刻大雨下庄田。"中国劳动人民把这种民间口头文学形式和工艺美术相结合，既脍炙人口，又源远流长。

图2-3-1 小老鼠上灯台

图2-3-2所示是以民间传说《八仙》为题材的剪纸。线条简洁挺拔，粗细均匀，具有明显的地方特色。其中八仙每个人的形象生动，宛若真人。这种剪纸主要流行于潍坊高密，作为窗花的形式出现，所以多为长条竖形，且多为组合形式出现。"喜"字是中国婚礼中必不可少的剪纸，一般都是剪成"囍"，寓意喜上加喜。在剪"囍"字时，一般还与鱼纹、瑞兽、花鸟等形象组合在一起，不但增加了形式美感，还增添了喜庆的气氛。如图2-3-3所示的剪纸，便是将"囍"字和鱼纹组合在一起。鱼是多子的象征，双鱼喻为男女阴阳相交、子孙繁衍。在婚礼上的"囍"字双鱼花便是祝福新人多子多福、早生贵子。

图2-3-2　八仙

图2-3-3　"囍"字双鱼花

在老人的寿辰上也有专用的寿花，其题材也是多种多样的。例如，"五福捧寿"剪纸主要是用蝙蝠和"寿"字变体的组合来表示，如图2-3-4所示，蝙蝠的"蝠"谐音"福"，有幸福、福气的寓意；"寿"字则表示为老人祝寿。常见的寿花还有鹤鹿同春（图2-3-5）、福寿双全、梅花闹寿、长脚寿字等，都是中华民族传统美德——敬老在剪纸工艺上的表现。

图2-3-4　五福捧寿

图2-3-5　鹤鹿同春

二、陶瓷

陶瓷主要指陶器和瓷器，用陶土烧制的器皿称为陶器，用瓷土烧制的器皿称为瓷器。英文中的"China"既有中国的意思，又有陶瓷的意思。陶瓷以其独特的造型可塑性、装饰多样性和耐久性，在中华文明史中独树一帜，它集实用和审美为一体，充分展示了中国古代劳动人民创造的物质文明和精神文明的成就。在中国历史上把由官方营建、主持烧制瓷器的窑场称为官窑，其制作技术精湛，成品华丽精美，因此官窑产品代表了当时制瓷业的最高水平。民窑即民间瓷窑，相对于官窑来说，民窑的造型、纹饰、题材更加自由、丰富。

图2-3-6所示的"舞蹈人纹彩陶盆"是马家窑文化的代表作之一。它大口微敛，卷唇，鼓腹，下腹收缩成小平底。在盆内壁绘有舞蹈纹饰带，皆手拉手欢快起舞。画面重现了先民们在重大活动时群舞的热烈场面。其抽象图案的构成，饱含了原始人类超凡的思维能力和审美能力，是新石器时代人们对生活具体、生动、形象的反映，是情感与智慧的结晶。从平整的外观和精细的绘制来看，也说明彩陶的制作在中国新石器时期已十分娴熟。

图2-3-6　舞蹈人纹彩陶盆

陶瓷在唐代的发展与传播达到了一个高峰，其中唐三彩是其代表作之一。墓葬出土的三彩陶器不仅数量众多，而且器形高大，制作精美，表明唐三彩陶器是王公贵族厚葬的必备之物。三彩并非只有黄、绿、青3种颜色，一般而言唐三彩是有较复杂的多彩颜色，题材也较为多样。例如，图2-3-7所示的女俑，脸如满月、衣着华丽、仪态万千；图2-3-8所示的骆驼俑，头部高扬、张嘴露齿、卷舌做嘶鸣状。唐三彩陶器的特色和装饰，无不显示着大唐帝国的经济实力和中外文化交流的盛况，它的产生、发展和壮大，更是给后世留下了深远的影响。

图2-3-7　女俑（唐三彩）

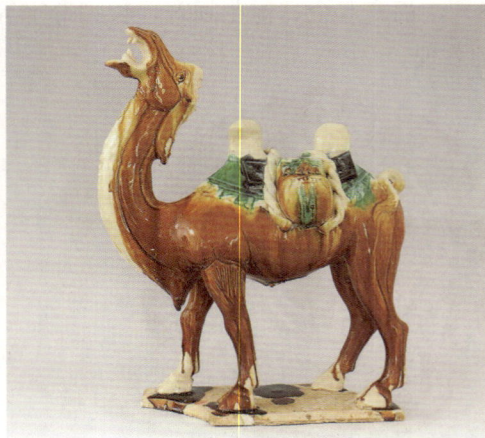

图2-3-8　骆驼俑（唐三彩）

青花瓷是书画艺术与陶瓷艺术的完美结合，在元明清时期逐步发展成熟。青花瓷是用含氧化钴的钴矿为原料，先在陶瓷坯体上描绘纹饰，再罩上一层透明釉高温烧制而成。图2-3-9所示的青花云龙纹扁瓶，是明代青花瓷的代表之作。它颈部绘有缠枝石榴纹，腹部绘有形态相同的三爪行龙，似在凌空腾飞。图2-3-10所示是元代的青花人物图菱口盘，画面布局疏朗有致、笔法流畅，意境清幽，寓意高雅。

图2-3-9　青花云龙纹扁瓶（明）

图2-3-10　青花人物图菱口盘（元）

三、漆艺

漆艺是指漆的艺术，是以漆为主要媒材的艺术门类。它主要运用天然大漆刷涂，通过镶嵌、彩绘、脱胎、髹饰等手段制成各种工艺品，其外观精致、轻巧，光亮如镜。漆艺分为漆器、漆画和漆塑3个方面，漆器是漆艺的主体，最开始是以实用为目的，后来才赋予了它审美的功能。从1964年参加全国美展起，漆画已从工艺美术领域走进绘画领域，作为中国民族绘画的新形式得到社会的承认。漆塑则是漆艺的另外一种表现形式，即漆艺立体造型，可以单色髹涂，也可以兼施镶嵌、彩绘，成为彩塑。

从功能上看，漆艺兼有生活实用和审美欣赏；从形态上看，可分为立体和平面两大类型；从材料上看，又包容了合成漆及金属、螺钿等众多媒材。漆艺既具有鲜明的界定性，又与其他学科密切相关，是一门具有广阔开发前景的工艺艺术门类。

图2-3-11所示是南宋晚期的雕漆精品，现藏于故宫博物院的桂花纹剔红盒。此盒为木胎，盒盖雕有桂花一枝。盒墙斜刻着回形纹，盒内髹黑漆，雕工精细。此盒质地坚硬，精光内蕴，刀法纤细不失圆润，画面布局疏密有致，风格独特。

图2-3-11　桂花纹剔红盒（南宋）

图2-3-12所示为西汉的漆木龟盾，盾一般为皮革所制，外面涂厚漆。盾上面画着一个神人，有着人的身子、鸟的脚，做跨越的姿态。下边画着一个四肢怪兽，头上有触角和须，尾巴卷着，像是在奔跑；它的背面有两朵云彩，像腾空飞行，怪兽可能是想象中龙的形象。作者用漆如墨，粗线勾勒，轻松自如，朴实生动。

图2-3-12　漆木龟盾（西汉）

图2-3-13所示为明代的林檎双鹂图剔彩捧盒，此盒由红、黄、绿、黑四色漆髹成，每种色彩重复使用，盖面圆光内的红锦地上雕有林檎（即沙果）一枝，剔出枝干、叶子、果实等，黄鹂鸟立在枝上互相呼应。圆光外及靠近足外圈雕有缠枝花果，上下口边刻有两圈花卉。从刀工上的变化可以看出明代的漆雕工艺发展已逐渐成熟。

图2-3-13　林檎双鹂图剔彩捧盒（明）

工艺美术的种类丰富，除了以上介绍的种类外，还有岩彩、壁画、玉雕等，它们的生产常常因为历史时期、地理环境、经济条件、文化技术水平、审美观点的不同而表现出不同的特色，还有待我们去挖掘与创造。

四、作品欣赏

欣赏下列作品，如图2-3-14～图2-3-22所示。

作品欣赏

图2-3-14 唐三彩1

图2-3-15 唐三彩三件

图2-3-16 唐三彩2

图2-3-17 唐三彩3

图2-3-18 古代雕漆普天同庆

图2-3-19　古代雕漆

图2-3-20　剔彩灵芝寿字龙纹盖盒（明）

图2-3-21　景德镇青花鱼盆

图2-3-22　青花瓷碗（清）

第四节　建筑艺术

　　建筑艺术是实用艺术，主要用来改善和美化人类自身的生活环境。建筑是人类为自己创造的生活环境。人们的衣、食、住、行离不开建筑，人们的工作、学习离不开建筑。因此，建筑是大众的艺术，是公众参与的艺术。

　　建筑是在原始的巢居和穴居的基础上发展起来的，它集中地体现了人类在技术、科学和思想、艺术等方面的才能和创造力。不同的民族有不同的建筑，不同地域的建筑形式也不一样。例如，我国南方建筑的屋顶多为高而尖，北方多为平顶，这是因为南北降雨量的不同而显示在建筑上的差异。重要的建筑还往往具有精神意义或标志作用，如北京故宫博物院、巴黎圣母院大教堂等。建筑作为一种艺术，与工艺美术一样，它是和其使用要求紧密联系在一起的，同时还要考虑它的坚固问题。评价建筑的艺术性，不仅看它的造型和装饰是否美观，还要看它是否做到了实用、坚固、美观的统一。

一、桥梁

（一）赵州桥

　　赵州桥又称安济桥，建于隋朝，距今已有1400多年的历史，是当今世界上现存最早、保存最完整的古代单孔敞肩石拱桥，如图2-4-1所示。赵州桥凝聚了古代劳动人民的智慧与结晶，开创了中国桥梁建造的崭新局面，它不仅表明了工程技术上的成就，而且也展示了杰出的建筑艺术形象。桥身以一个大拱横跨在河上，大拱两肩上各有两个小石拱，既减少用材、减轻桥身的重量，又起到了雨季

图2-4-1　赵州桥

涨水时排洪的作用。圆弧拱和敞肩的使用，使桥体线条柔和流畅，构造空灵而雄伟。桥上栏板和望柱的石刻以飞龙、蛟龙为主，石雕的刀法苍劲古朴，龙的形态生动，构思奇妙，也是隋代石刻艺术的珍品。[①]

（二）安平桥

　　安平桥建于南宋绍兴年间，是中国现存古代最长的石桥，位于福建省泉州市晋江安海镇和南安水头镇之间的海湾上，享有"天下无桥长此桥"之誉，又因桥长2 070米，约5华里，俗称五里桥，如图2-4-2所示。安平桥共有桥墩361座，用花岗岩条石交错叠砌而成，桥的入口处筑有一座白塔，高22米，五层，平面呈六角形，空心，如图2-4-3所示。安平桥的建筑体现了古代劳动人民的聪明才智和艺术创造力，是古代桥梁建筑的杰作。

---

　　① 引用《中国美术史》中国青年出版社。

图2-4-2　安平桥

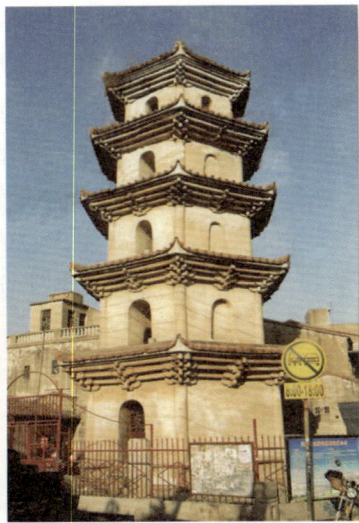

图2-4-3　白塔

二、房屋建筑

（一）吊脚楼

吊脚楼一般依山而建、依水而居。苗族大多居住在高寒山区，山高坡陡，平整开挖地基不易，加上天气阴雨多变、潮湿多雾，砖屋底层地气很重，不宜起居。所以构筑了一种通风性能良好的干爽的木楼，称为"吊脚楼"。吊脚楼高悬地面，既通风干燥，又能防毒蛇野兽，楼下还可以放置杂物，一般多建在斜坡上或小河边，为楼上住人，楼下架空。以前的吊脚楼一般以茅草或杉树皮盖顶，使用竹编泥糊作墙，富裕人家还会在屋顶上装饰向天飞檐，在廊洞下雕龙画凤。木雕是它最主要的装饰手法，层次丰富、布局巧妙、疏密讲究；在装饰色彩上充分利用木材本身的色泽和纹理，使整个建筑与大自然融为一体。吊脚楼具有鲜明的民族特色，凝聚了苗族人民对生活的追求和对美的探索，具有较高的研究价值，湖南凤凰古城的吊脚楼被称为巴楚文化的"活化石"，如图2-4-4所示。

（二）客家土楼

客家土楼也称福建圆楼，一般散布在福建南部，是中国各地

图2-4-4　凤凰吊脚楼

民居中颇具特色的一种建筑形式。土楼体量高大，多为圆楼，通常有三到四层，外墙是厚达一两米的坚实夯土墙。土楼民居以聚族而居的特点和它的建筑特色都与客家人的历史密切相关。土楼的建造者是在魏晋时期因战乱而南迁的中原汉族人，由于社会不稳定，匪盗迭起，这种聚族而居的堡垒式住宅，有利于客家人防卫，抵御外来侵袭。它的建筑又因为受到中原封建礼制的影响，在布局上体现为中轴对称、主次分明和以厅堂为中心组织院落的特点，一座土楼可容纳数百人居住，如图2-4-5所示。

　　福建土楼是世界上独一无二的大型民居形式，被称为中国传统民居的瑰宝。它依山就势，布局合理，吸收了中国传统建筑规划的理念，适应了客家人聚族而居和防御的要求，既具有坚固、防御性强的特点，又是极富美感的高层建筑类型，在第23届世界遗产大会上被正式列入《世界遗产名录》。

图2-4-5　客家土楼

（三）故宫博物院

　　故宫博物院以木结构为主，建立于1925年，是在明朝、清朝两代皇宫及其收藏的基础上建立起来的中国综合性博物馆，也是中国最大的古代文化艺术博物馆。故宫的宫殿建筑是中国现存最大的、最完整的古建筑群，总面积达72万多平方米，有殿宇宫室9999间半，被称为"殿宇之海"，其鸟瞰图如图2-4-6所示。

图2-4-6　故宫鸟瞰图

故宫的建筑总体布局仍保持明代的基本特征，主要是群体组合的艺术，群体间的联系和转换等构成了丰富的空间序列。其建筑有着严格的等级划分，为了表现帝王的威严和神圣，全部建筑严格对称地布置在中轴线上，外朝内宫体现了古代前朝后寝的制度。

故宫的每座建筑物都是在一条由南到北的中轴线上展开，整个建筑群的中心是高大的太和殿，以此为中心由南向北伸展，如图2-4-7所示。太和殿俗称金銮殿，是中国现存的最大的木结构大殿。故宫的建筑气势恢宏、规模巨大，整个建筑空间变化丰富、体量雄伟、外观壮丽、有主有从，显示出庄严肃穆、唯帝王独尊的宏大气势。

图2-4-7　太和殿

除了以上介绍的中国建筑外，还有很多著名的外国建筑。建筑在不同时期、不同地域，在不同的审美风格的影响下都有不同的表现形式。但它无一不体现出人们思想发展的进步，无一不体现着人们对美的追求。

三、作品欣赏

欣赏下列作品，如图2-4-8～图2-4-20所示。

作品欣赏

图2-4-8　傣族竹木楼

图2-4-9　蒙古包

作品欣赏

图2-4-10　陕北窑洞

图2-4-11　小七孔古桥

图2-4-12　宜兴古桥

图2-4-13　哥特式建筑1

图2-4-14　古桥

图2-4-15　哥特式建筑2

图2-4-16　日式建筑

图2-4-17　吴哥窟

图2-4-18　拜占庭建筑

图2-4-19　金字塔

图2-4-20　北京鸟巢

拓展训练

1. 选取一张自己喜欢的绘画作品，尝试对画面的形式美感进行理解和分析。

2. 生活中你见过哪些样式的雕塑作品？请拍下照片，和同学一起欣赏这些雕塑作品。

3. 在生活中你能发现实用性的工艺美术作品吗？请和大家分享。

4. 请你寻访家乡的传统民居建筑，其建筑历史沿革有什么变迁？建筑样式有什么特点？

单元三 素　描

学习导言

　　素描是一切造型艺术的基础。在观察和描绘物象的过程中，因其"单色"，排除了色彩因素的干扰，以便我们更好地掌握造型的基本规律和培养准确、生动、概括地表现对象的造型能力。作为学前美术教师，要以《幼儿园教育指导纲要》为导向，在素描基础的学习中，循序渐进，打下坚实的基础，更好地把儿童带入美的现实和美的精神世界。

第一节　线的表现形式

　　线是素描训练中塑造物象的主要手段，是我们观察世界、对话世界的直觉符号，它在绘画中的表现形式无限丰富。我们要从自然和生活中去认识、探究各种形态的线，学会用线去表达思想、情感，最终锻炼发现美、感受美、表现美的能力。

一、线的认识与感受

（一）线的形态

　　大自然中处处有"线"，笔直的道路、挺拔的树木、流动的小溪、潮后的海滩、枯萎的残荷……我们可以从中概括提炼出不同形态的线，如横线、竖线、折线、螺旋线、水波线、自由曲线等，如图3-1-1～图3-1-6所示。

图3-1-1　大自然中的"线"及对应的线的形态（水波线）

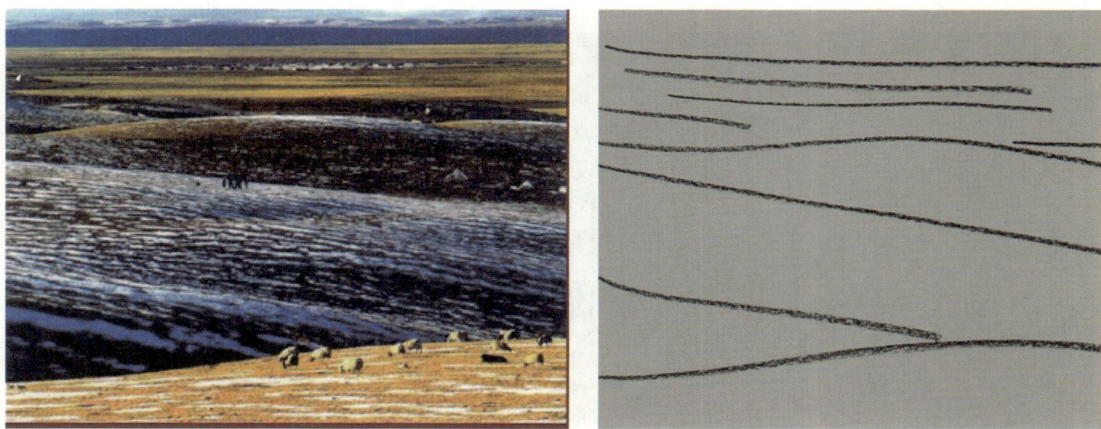

图3-1-2　大自然中的"线"及对应的线的形态（横线、斜线）

图3-1-3 大自然中的"线"及对应的线的形态（螺旋线）

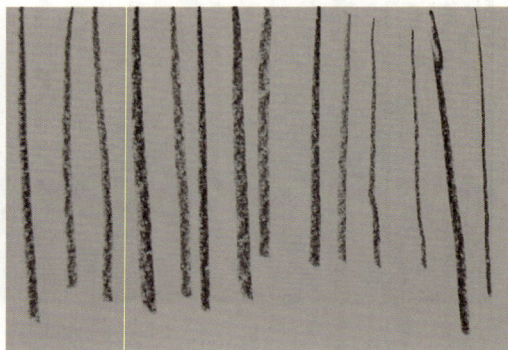

图3-1-4 大自然中的"线"及对应的线的形态（竖线、直接）

图3-1-5 大自然中的"线"及对应的线的形态（折线）

图3-1-6 大自然中的"线"及对应的线的形态（自由曲线）

（二）线的情感

大自然中的"线"不但可以表现极强的形式美感，而且还能反映出丰富的情感。例如，细线纤弱有后退感，粗线厚重有向前感，线条疏密有空间扩大和缩小感，方向线有运动感等，如图3-1-7～图3-1-9所示。

图3-1-7 方向线有运动感

图3-1-8 线条疏密有空间扩大和缩小感

图3-1-9 细线有后退感，粗线有向前感

41

（三）练一练

（1）如图3-1-10～图3-1-13所示，观察比较这4幅习作中的线条有什么不同？带给我们怎样的感受？

（2）线的形态练习。要求通过各种线的组合，体会线的情感，了解线的多样性、象征性。参考练习范例如图3-1-14所示。

图3-1-10　习作1

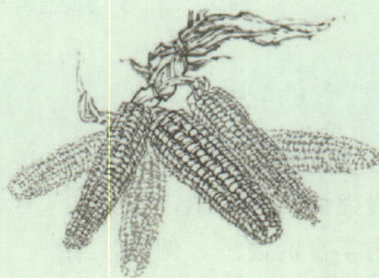

图3-1-11　习作2

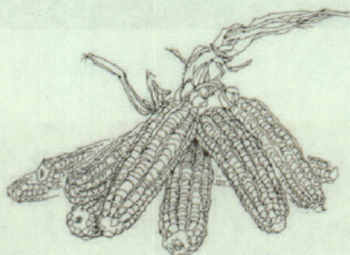

图3-1-12　习作3

图3-1-13　习作4

图3-1-14　练习范例

二、静物线描

静物线描是指以生活中常见的物品为主要描绘对象，用线描的形式表现出来。因为"静"的状态，为素描造型训练创造了良好条件。开始练习时可从简单的物品入手，由简至繁。

（一）静物线描的构图知识

构图是指形象在画面中占有的位置空间所组成的画面结构形式。其基本规律是变化与统一、均衡与疏密的。常见的构图形式有三角形、椭圆形、四边形等，如图3-1-15～图3-1-17所示。

图3-1-15　三角形构图

图3-1-16　椭圆形构图

图3-1-17　四边形构图

（二）静物线描写生步骤

（1）观察静物结构及构图形式，做到下笔之前心中有数，如图3-1-18所示。

（2）用铅笔轻轻定好写生对象的位置、轮廓，熟练后也可直接用黑色笔写生，如图3-1-19所示。

（3）用黑色笔在铅笔稿的基础上流畅地描绘，完成后擦去铅笔稿线，如图3-1-20所示。

（4）添加物体纹理等细节，丰富画面，如图3-1-21所示。

（5）整体把握画面效果，调整完成，如图3-1-22所示。

图3-1-18　观察静物

图3-1-19　定好位置轮廓

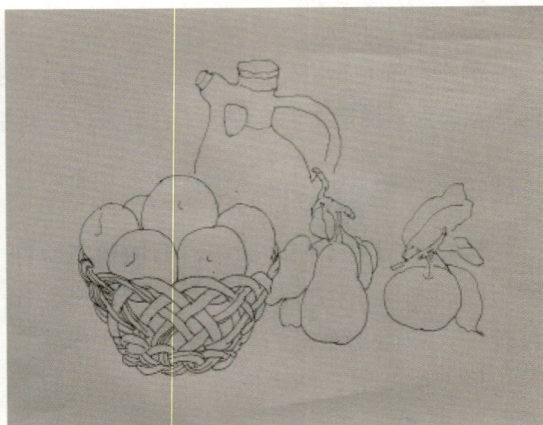

图3-1-20　在铅笔稿上描绘

图3-1-21　添加物体纹理

图3-1-22　整体把握画面效果

（三）练一练

以生活中常见的物品为题材进行静物线描写生，要求多角度地观察并做不同形式的构图练习。

（四）静物线描习作欣赏

欣赏下列静物线描习作，如图3-1-23～图3-1-28所示。

作品欣赏

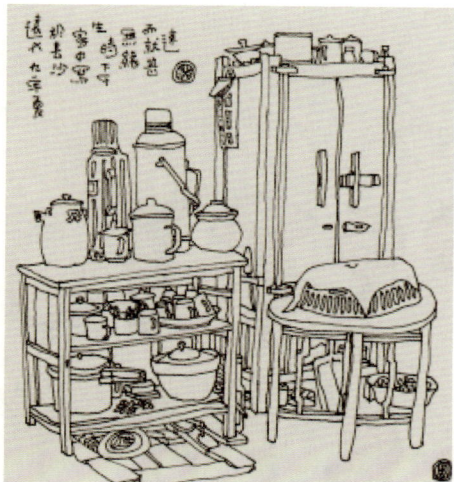

图3-1-23 静物线描习作1

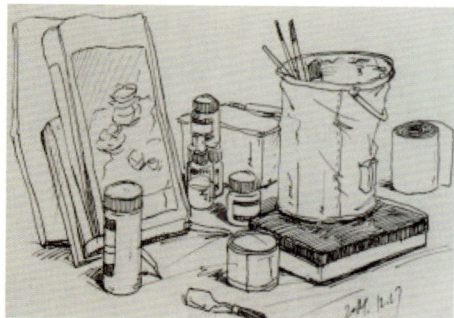

图3-1-24 静物线描习作2

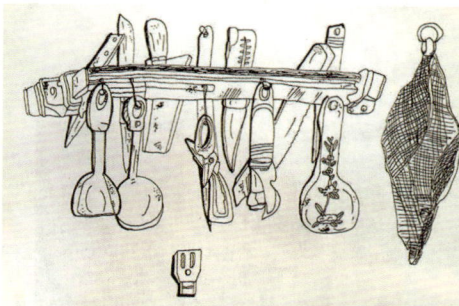

图3-1-25 静物线描习作3

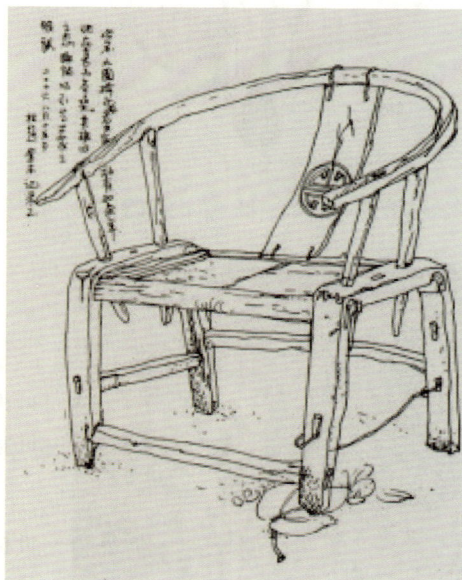

图3-1-26 静物线描习作4

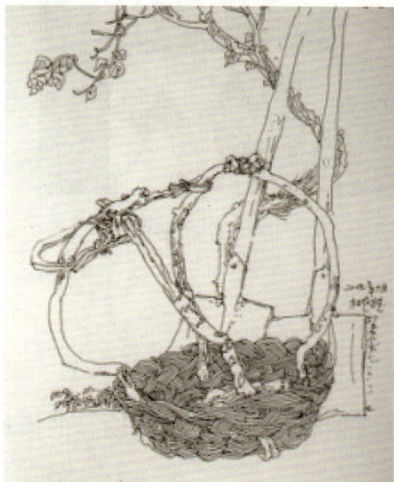

图3-1-27 静物线描习作5

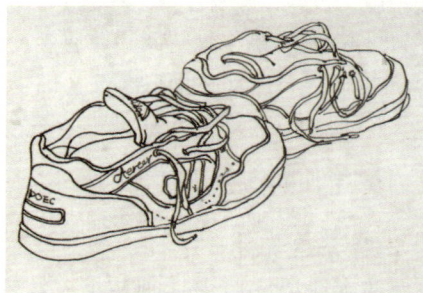

图3-1-28 静物线描习作6

三、植物线描

自然界的植物种类繁多，在学习描绘时，通常以简单的花卉入手，逐渐过渡到画复杂的植物。

（一）植物的组织结构与形态

植物的组织结构与形态如图3-1-29～图3-1-32所示。

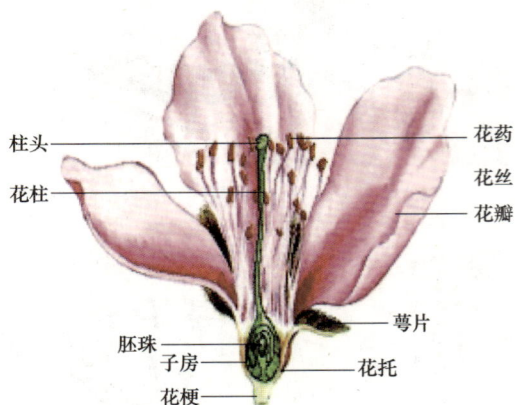

图3-1-29　花的组织结构

柱头
花柱
胚珠
子房
花梗
花药
花丝
花瓣
萼片
花托

图3-1-30　花的各种形态

图3-1-31　叶的组织结构

叶肉
叶脉
叶柄

图3-1-32　叶脉的各种形态

网状脉　羽状网脉　掌状网脉
掌状五出脉　平行脉　侧出脉
射出脉　弧形脉　叉状脉

（二）花卉的写生方法

1. 选择合适素材

初学花卉线描，可先从画花头、花叶开始。要选择造型简单优美、结构明显的素材，如图3-1-33～图3-1-35所示。

图3-1-33 花头、花叶1　　　图3-1-34 花头、花叶2　　　图3-1-35 花头、花叶3

2. 表现方法

（1）仔细观察。观察花卉生长规律和结构特征。

（2）构图描绘。对势态布局、主宾、虚实、疏密、进行处理。

（3）细致刻画。围绕花头进行，先画花后画叶再画枝。

（4）整理完成。对画面组织、结构关系、形体质感进行调整。

（三）花卉线描画法步骤

练习时要根据不同的花卉采用不同的线，以更好地表达其质感、肌理等。下面以红掌花卉为例来具体说明。

（1）整体观察要描绘"红掌"的特点，如图3-1-36所示。

（2）用铅笔轻起稿，用长线条简单绘出花卉的大体轮廓，如图3-1-37和图3-1-38所示。

（3）在铅笔稿上用黑色笔流畅地描绘，如图3-1-39所示。

（4）添画叶脉，注意线条走向，如图3-1-40所示。

（5）丰富花朵和叶的肌理，调整画面完成，如图3-1-41所示。

图3-1-36 红掌　　　　　　图3-1-37 轻描花卉轮廓

图3-1-38　绘出花卉的大体轮廓

图3-1-39　在铅笔稿上用黑笔用线

图3-1-40　添画叶脉

图3-1-41　丰富花朵和叶的肌理

（四）植物线描习作欣赏

欣赏下列植物线描习作，如图3-1-42～图3-1-49所示。

作品欣赏

图3-1-42 荷（李秀莲）

图3-1-43 铜钱草（李秀莲）

图3-1-44 吊兰（李秀莲）

图3-1-45 向日葵（李秀莲）

图3-1-46 石蒜子（李秀莲）

图3-1-47 白茶（李秀莲）

图3-1-48 植物线描

图3-1-49 红茶（李秀莲）

四、动物线描

动物的种类繁多，根据其生活环境大致可分为禽鸟和走兽，如图3-1-50和图3-1-51所示。

图3-1-50 禽鸟类

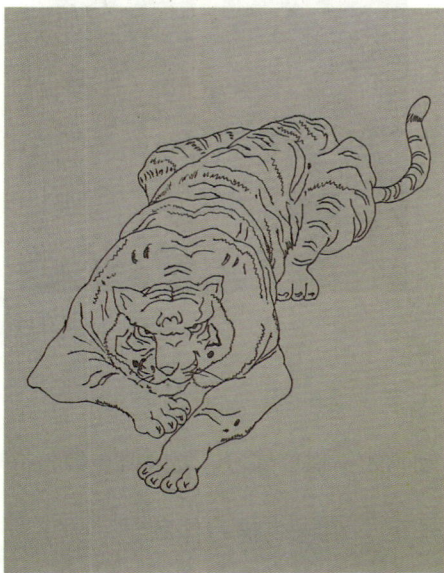

图3-1-51 走兽类

（一）动物线描的画法要点

1. 把握动物的形体特征

例如，鸟类的形体可以看成是头部和身体两个卵形的组合，如图3-1-52所示。

图3-1-52 鸟的形体及其线描画法

2. 把握动物的动态特征

例如，开屏的孔雀像一面"大扇子"，如图3-1-53所示。

图3-1-53　开屏的孔雀形体及其线描画法

（二）练一练

动物线描临摹练习。要求避免线条符号化，所临摹动物线描作品要区别于动物简笔画。

（三）动物线描习作欣赏

欣赏下列动物线描习作，如图3-1-54～图3-1-59所示。

作品欣赏

图3-1-54　鹤（李秀莲）

图3-1-55　羊（李秀莲）

作品欣赏

图3-1-56 猫（动物线描）

图3-1-57 狗（李秀莲）

图3-1-58 鹅（动物线描）

图3-1-59 鸡（李秀莲）

五、人物线描

要画好人物线描，就要掌握好人体的比例、结构、透视、动态等。

（一）人体比例、结构、透视、动态

1. 人体比例、结构

人体比例一般以人的"头高"为测量单位。人的全身长为7个半头高，如图3-1-60所示。头与人体基本姿势的比例为"站七、坐五、蹲四、盘三半"。①人体的二分之一处在耻骨联合上下。②上肢为3个头高，下肢为4个头高。图3-1-61则体现了人体结构。

成人7个半头长

成人　10岁　3岁

10岁7个头长

3岁5个头长

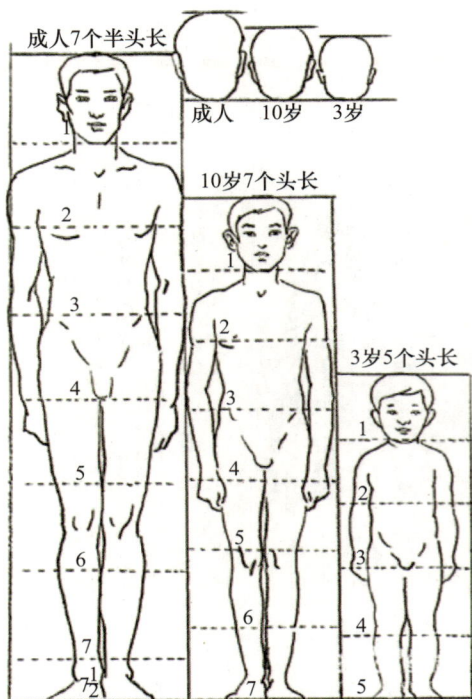

图3-1-60　人体比例

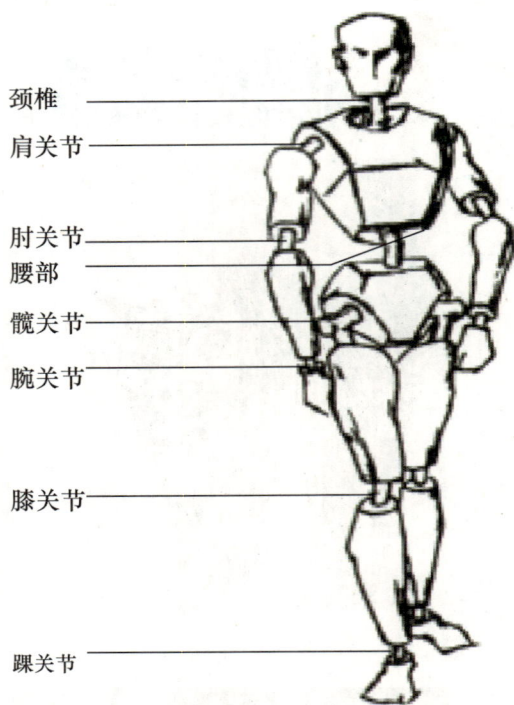

颈椎

肩关节

肘关节

腰部

髋关节

腕关节

膝关节

踝关节

图3-1-61　人体结构

2．人体透视

在任何状态下，人都处于一定的透视关系中，图3-1-62可以帮助我们分析人体在空间中的透视关系。

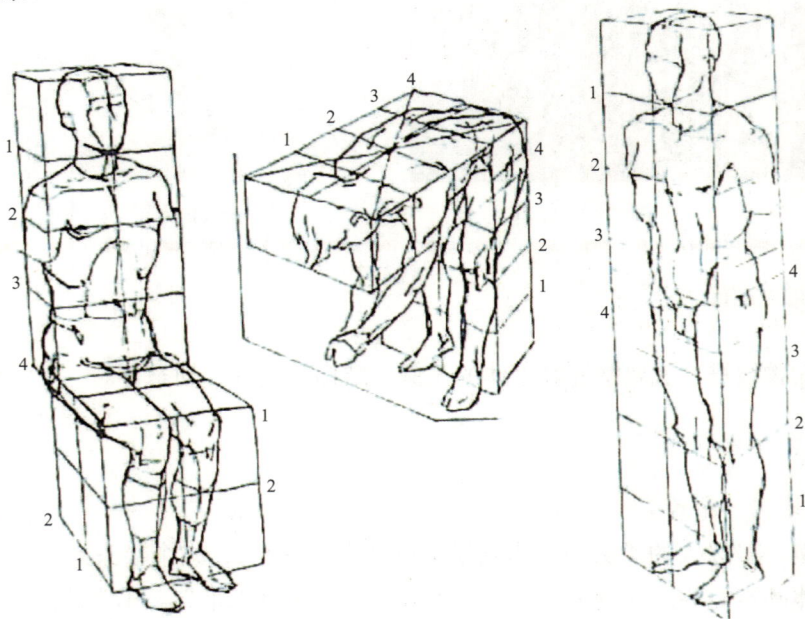

图3-1-62　人体透视

3．人体动态

人体的运动首先是由躯干的倾斜、扭动等呈现出来的，如图3-1-63和图3-1-64所示的"之"字线。因此人体动态线是抓好动态的关键。

图3-1-63 人体动态1

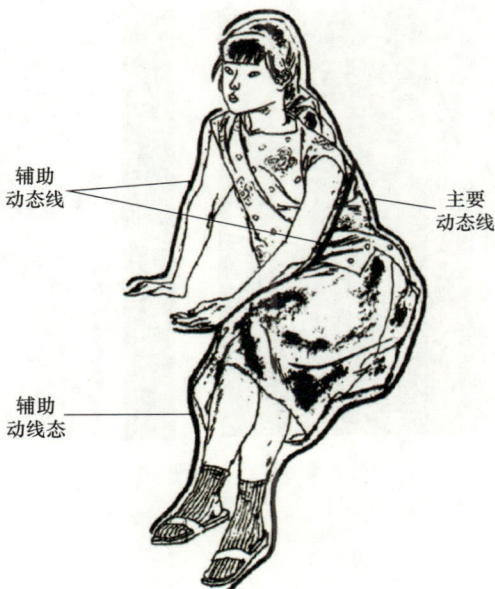

图3-1-64 人体动态2

辅助动态线

主要动态线

辅助动线态

（二）人物线描画的学习原则

（1）由慢到快。"欲速则不达"，人物线描在结构动态比例方面，要求更加准确，在描绘速度上的有效控制有利于充分观察形体。

（2）由静到动。先画静态人物，有一定基础后慢慢过渡到动态写生。

（3）由简到繁。先练习头像，再练习全身像，或者先练习对人物结构、动态、比例的简单概括，再过渡到对表现人物的本质特征和典型细节的描绘。

（三）人物线描画法步骤

（1）整体观察。着眼"整体"就是要抓人物的整体动态特征，如图3-1-65所示。

（2）抓"三大部位"和"三大关节"这个重点。"三大部位"是指头部、肩部、髋部；"三大关节"是指肩关节、肘关节和膝关节。从头部入手细致描绘，如图3-1-66所示。

（3）描绘细节。对衣纹或有特征的服饰进行细化描绘，如图3-1-67所示。

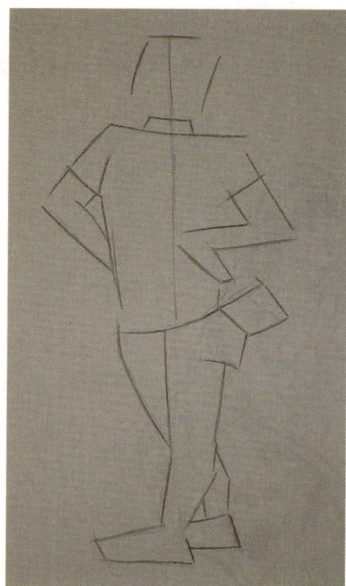

图3-1-65 整体观察

图3-1-66 抓"三大部位"和
"三大关节"

图3-1-67 描绘细节

（四）练一练

以同学为模特，进行人物线描写生练习。要求注意人物结构和动态的捕捉。

（五）人物线描习作欣赏

欣赏下列人物线描习作，如图3-1-68～图3-1-71所示。

作品欣赏

图3-1-68 人物线描（林夕）

图3-1-69 跳舞姑娘（叶浅予）

作品欣赏

图3-1-70 线描人物

图3-1-71 骑者
（法·杜米埃）

六、风景线描

风景线描是用线的形式对自然界所见所感的景色去高度概括和提炼，是锻炼空间表现力和取景构图能力的极好题材，如图3-1-72所示。

图3-1-72 西塘古镇及其线描作品

（一）风景线描画的构图形式

风景线描画的基本构图形式有水平式、均衡式、垂直式、S形、三角形5种。

（1）水平式构图：平稳安静、视野开阔的感觉，如图3-1-73所示。

（2）均衡式构图：均匀和谐、生动活泼的感觉，如图3-1-74所示。

（3）垂直式构图：垂直向上、高耸挺拔的感觉，如图3-1-75所示。

（4）S形构图：韵律流动、节奏优美的感觉，如图3-1-76所示。

（5）三角形构图：稳定舒适、恒久牢固的感觉，如图3-1-77所示。

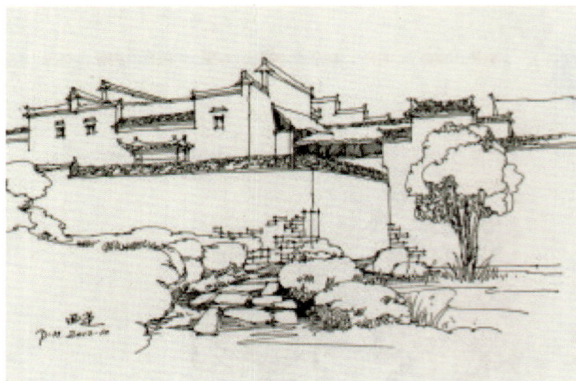

图3-1-73 水平式构图

图3-1-74 均衡式构图

图3-1-75 垂直式构图

图3-1-76 S形构图

图3-1-77 三角形构图

（二）风景线描画法步骤

风景线描画法总体要求从整体观察把握，由局部入手，这个"局部"既可以从中景画起，也可以从近景画起。以图3-1-78所示的早春为例，其绘画步骤如下。

（1）选景，确定画面内容，从近景画起，如图3-1-79所示。

（2）接着画出中景位置，如图3-1-80所示。

（3）添画远景，如图3-1-81所示。

（4）补充远景，添画细节，注意景深的表现，如图3-1-82所示。

（5）调整画面，注意整体协调，如图3-1-83所示。

图3-1-78　早春

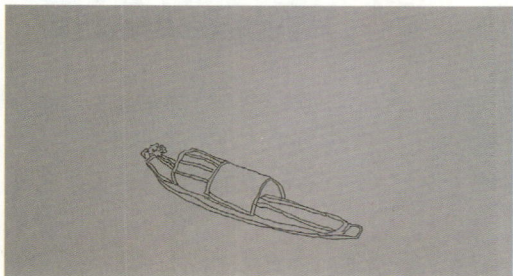

图3-1-79　选景

图3-1-80　画中景

图3-1-81　添画远景

图3-1-82　补充远景，添画细节

图3-1-83　调整画面

（三）练一练

以生活环境（如校园、公园、街道等）为主要题材进行线描写生练习，要求注意虚实及空间的表现。

（四）风景线描作品欣赏

欣赏下列风景线描作品，如图3-1-84～图3-1-89所示。

作品欣赏

图3-1-84　黄昏（俄·列维坦）

图3-1-85　湘西小景1（李秀莲）

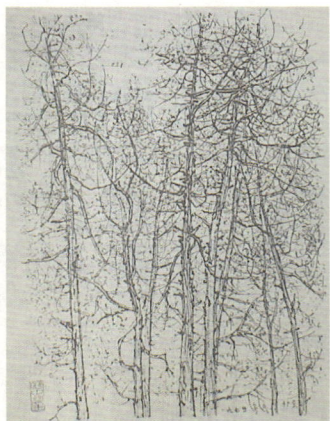

图3-1-86　林（吴冠中）

图3-1-87　风景线描

作品欣赏

图3-1-88 湘西小景2（李秀莲）

图3-1-89 风景（徐晓川）

七、思维拓展

线描教学要有时代性和趣味性，打破一笔一纸的传统线描教学，可以灵活运用多种材料及多种技法如色卡纸线描、刮画纸线描等，如图3-1-90～图3-1-93所示。

图3-1-90 风景线描刮画

图3-1-91 动物线描刮画

图3-1-92　静物线描刮画

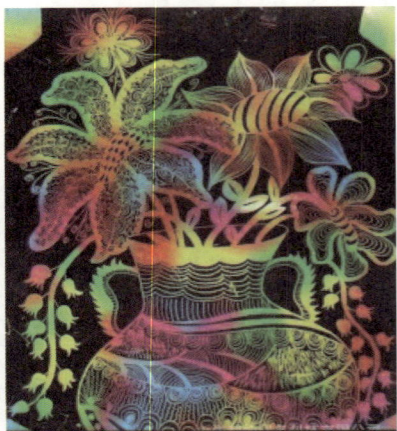

图3-1-93　花卉线描刮画

第二节　创意线描

一、创意线描

　　创意线描是以线描的形式，在表现对象时，通过夸张、变形、拟人、借用、幻想等创意思维，既不受表现对象自然造型的约束，又具有表现对象的基本元素特征，并且有一定的形式美感和反映创作者创意思维的绘画。如图3-2-1和图3-2-2所示，在描绘鹦鹉时，保留了鹦鹉的基本形体特征，对羽毛进行了夸张描绘，使其有了一定的装饰美感。

图3-2-1　鹦鹉

图3-2-2　创意线描（鹦鹉）

二、创意线描的创意来源

（一）借鉴法

民间美术品种繁多，主要有年画剪纸、刺绣、皮影等，借鉴法为创意线描画提供了丰富的创意源泉，如图3-2-3所示。

（二）变形法

变形法是指把表现对象的特征通过夸张、变形处理，使之变成更能体现本质的新形象，常用的夸张、变形法有拉长、压缩、扭曲、添加、减除、解构、重构等。夸张、变形法为创意线描画提供了丰富的想象力，如图3-2-4所示。

图3-2-3　借鉴民间剪纸艺术

图3-2-4　人物的夸张变形

（三）嫁接法

嫁接法是指把相干的或不相干的事物描绘在一起，形成能表达创作者内心世界的新艺术形象。嫁接法为创意线描画提供了丰富的创意思维，如图3-2-5所示。

（四）拟人法

拟人法是指把人类以外的一切事物人格化，使它们有了人类的思想。拟人法为创意线描画的创意提供了"灵性"，如图3-2-6所示。

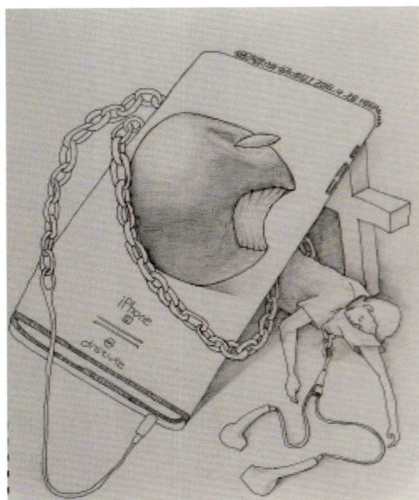

图3-2-5 锁链嫁接于耳机

图3-2-6 动物的拟人化

三、创意线描的3个阶段

创意线描的3个阶段为由观察到写生、由写生到想象，以及观察、写生与想象的统一。

下面以树叶为题材说明创意线描画的作画步骤。

（1）多角度观察树叶的形状，并进行写生练习，如图3-2-7和图3-2-8所示。

（2）构图构思。根据要表现的内容，用铅笔起稿，先画主要树叶轮廓，再画小蜗牛及次要树叶轮廓，注意树叶之间的前后关系，如图3-2-9所示

（3）用线把画面内容描绘出来。树叶可用夸张法，蜗牛可用拟人法，如图3-2-10所示。

（4）创意装饰。树叶装饰可用线条的粗细、疏密、方向等来表达质感、肌理色彩，如图3-2-11所示。

（5）整理完成。看画面整体构图是否完整，虚实是否分明，根据画面需要，还可添加一些点和面元素来增加画面层次感，如图3-2-12所示。

图3-2-7 树叶

图3-2-8 写生练习

图3-2-9　构图构思

图3-2-10　用线把画面内容描绘出来

图3-2-11　创意装饰

图3-2-12　整理完成

四、创意线描习作欣赏

欣赏下列创意线描习作，如图3-2-13～图3-2-20所示。

图3-2-13　场景创意线描

图3-2-14　花卉创意线描（李秀莲）

图3-2-15　人物创意线描1（龙娟）

图3-2-16　名作改创

图3-2-17　风景创意线描

作品欣赏

图3-2-18 动物创意线描1

图3-2-19 人物创意线描2

图3-2-20 动物创意线描2

五、拓展练习

（1）临摹练习。要求体会作品的创意。

（2）尝试一个主题写生后，进行创意线描画创作。要求大胆表现出自己的想象，充分发挥出自己的潜能。

（3）尝试用不同的工具材料及手法进行创作练习，如图3-2-21～图3-2-26所示。

图3-2-21 添画背景

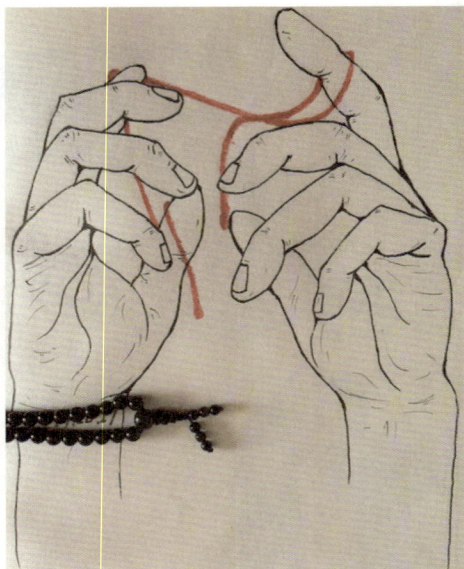

图3-2-22 添加元素1

图3-2-23 添加元素2

图3-2-24 填色1

图3-2-25 填色2

图3-2-26 剪贴

第三节　结构素描

一、结构素描

结构素描不同于明暗素描，它是以理解和表达物体自身的结构本质为目的的。这种素描的特点是以简练、概括的线条为主要表现手段，不施过多的明暗对比，也没有强烈的光影变化，主要强调、突出物体的结构特征，如图3-3-1所示。

二、结构素描与透视法

大自然是丰富多彩的，每一种事物都有其特殊的结构。结构素描是要训练我们学会观察、分析、表现物象的内部结构，透视学原理是科学观察物象所必须借助的有效工具。

（一）透视现象

观察中的透视现象为近大远小、近宽远窄、近高远低，如图3-3-2所示。

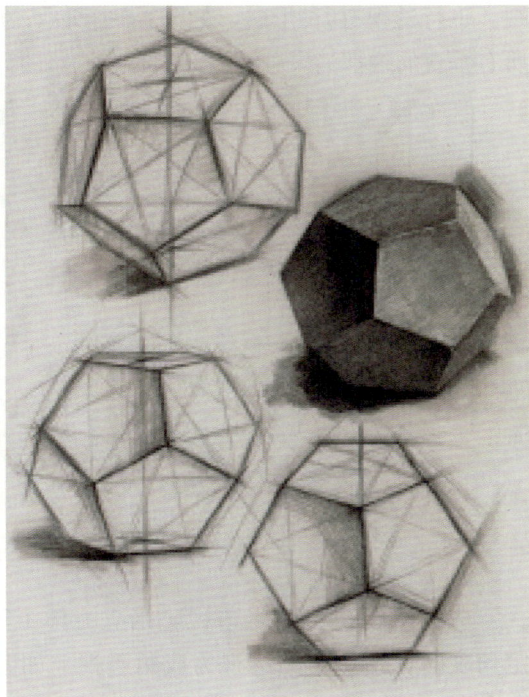

图3-3-1　结构素描与光影素描比较

图3-3-2　透视现象

（二）基本透视法

下面以立方体为例讲解基本透视法。根据立方体与画面、地平面的空间位置关系，立方体的透视变化有以下3种情况。

1. 平行透视

平行透视也称一点透视。当立方体的一个体面与画面平行时，所产生的透视为平行透视。平行透视有9种形态，如图3-3-3所示，可以看出立方体与画面平行的线没有透视变化，所有垂直的线都消失于一点（中心点）。图3-3-4所示的风景描绘中体现了平行透视关系。

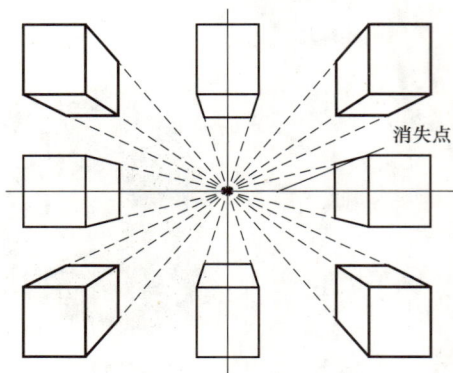

图3-3-3　平行透视

图3-3-4　风景描绘中的平行透视关系

2. 成角透视

成角透视也称两点透视。当立方体上下两个体面与地面平行，其他体面与画面成一定角度时，所产生的透视为成角透视。如图3-3-5所示，可以看出成角透视有两个消失点（余点）。图3-3-6所示的风景描绘中体现了成角透视关系。

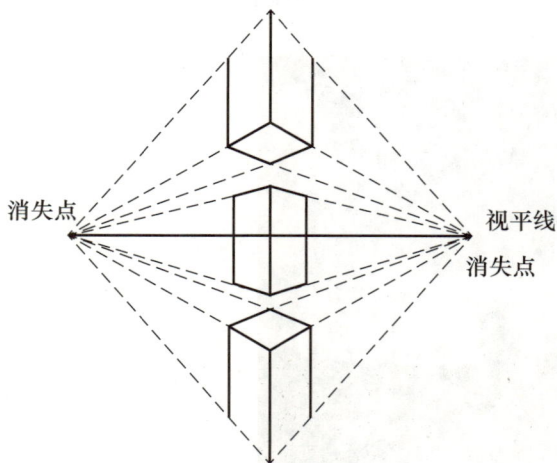

图3-3-5　成角透视

图3-3-6　风景描绘中的成角透视关系

3．圆面、圆柱的透视

（1）圆面的透视变化规律。

①"八点画圆法"画圆，如图3-3-7所示。

②透视变形后的圆面呈椭圆形，距离视平线越远越圆。距我们近的半圆大，远的半圆小，如图3-3-8所示。

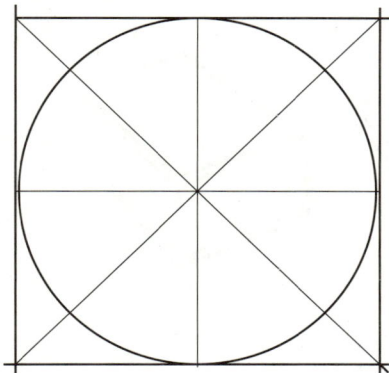

图3-3-7　八点画圆法

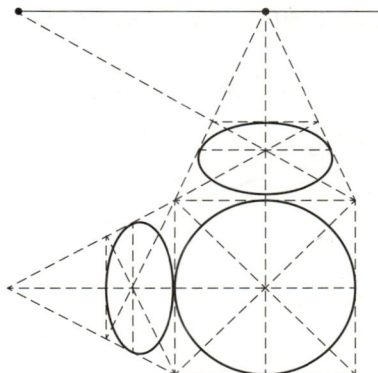

图3-3-8　圆面的透视

（2）圆柱的透视变化规律。圆柱体可以理解成是有许多圆面重叠组合而成的，圆柱体的顶面和底面的变化与圆面的透视变化规律是一致的，如图3-3-9和图3-3-10所示。

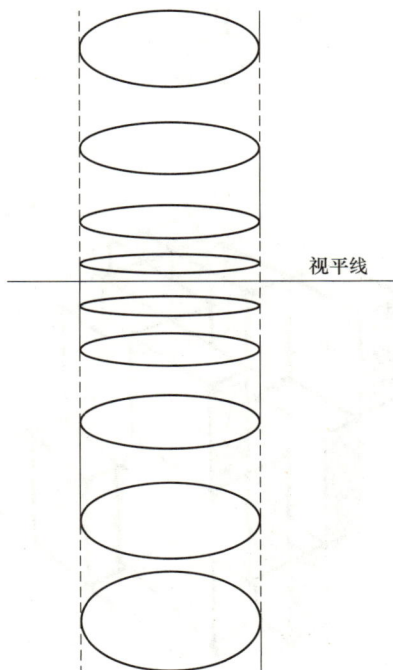

图3-3-9　圆柱的透视1

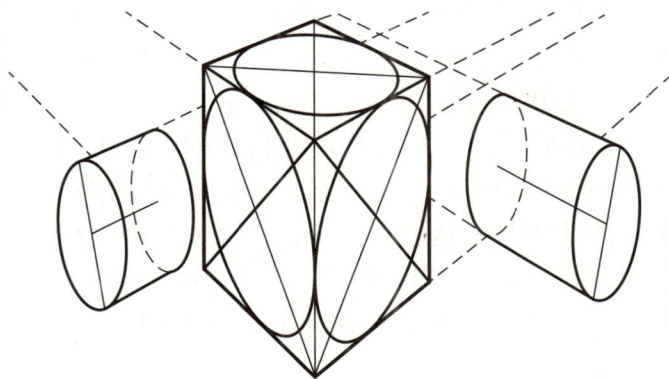

图3-3-10　圆柱的透视2

三、形、体与结构的关系

（一）认识形、体与结构

形是平面的，体是立体的，形体是结构的外在表现，结构决定形体，要表现物体的形体就必须抓住物体的结构，如图3-3-11和图3-3-12所示。

图3-3-11　形、体与结构1

图3-3-12　形、体与结构2

（二）认识、理解形、体与结构关系的训练

1. 单一物体的自由契合与挖切

用单一形体自由组合，训练想象结构空间，如图3-3-13所示的契合训练。

2. 形体切挖练习

切挖的目的是运用形体结构原理，画出切挖后的形体结构和空间状态，提高对形体结构规律的认识与表达能力。下面以立方体为例挖切四分之一，如图3-3-14和图3-3-15所示。图3-3-16和图3-3-17则体现了立方体不同形与量的挖切。

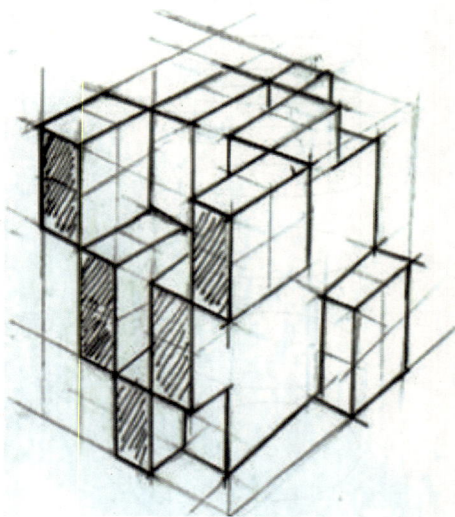

图3-3-13　契合训练

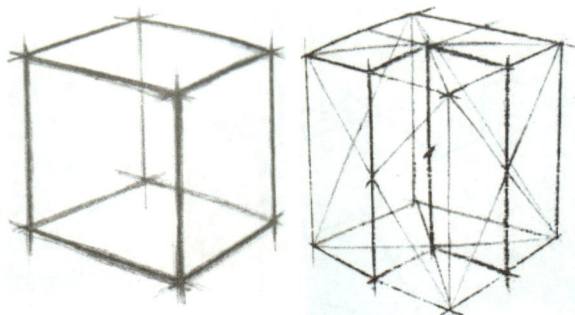

图3-3-14 立方体

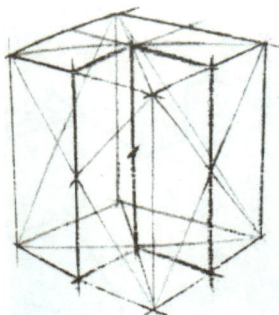

图3-3-15 立方体
挖切四分之一

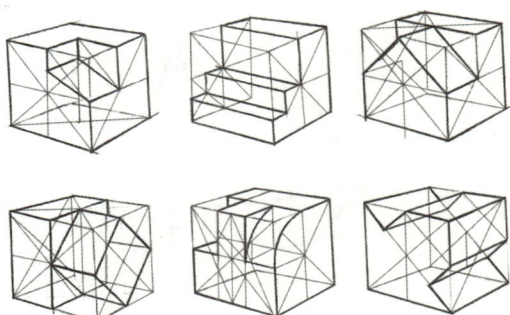

图3-3-16 立方体不同形与量的挖切1

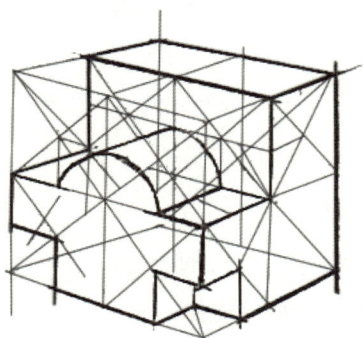

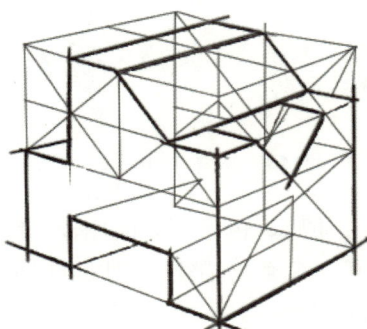

图3-3-17 立方体不同形与量的挖切2

四、结构素描训练

根据结构素描塑造的对象，可分为几何体结构素描和静物结构素描；根据表现物体多少，可分为单一物体结构素描和组合物体结构素描，如图3-3-18～图3-3-21所示。

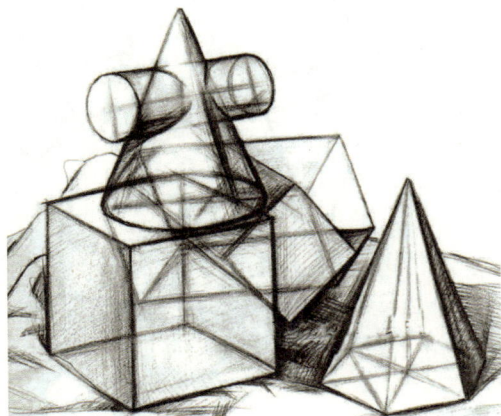

图3-3-18 组合几何体

图3-3-19 组合静物

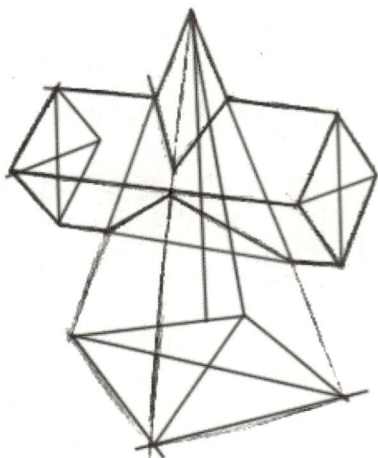

图3-3-20　单一几何体

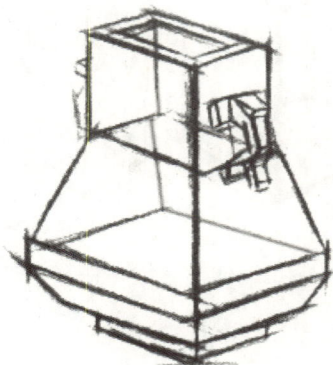

图3-3-21　单一静物

（一）几何体结构素描的写生练习

几何体在质感、色彩等方面比较单纯统一，有利于我们掌握素描的基本技法，通过对几何体的分析、理解与描绘，可以认识世界万物形体的构成规律。

1. 单个几何体画法步骤

（1）观察贯穿体的特点，用辅助线定出长方体与锥体之间的关系，如图3-3-22所示。

（2）进一步画出长方体倾斜方向的透视和锥体侧截面的透视，如图3-3-23所示。

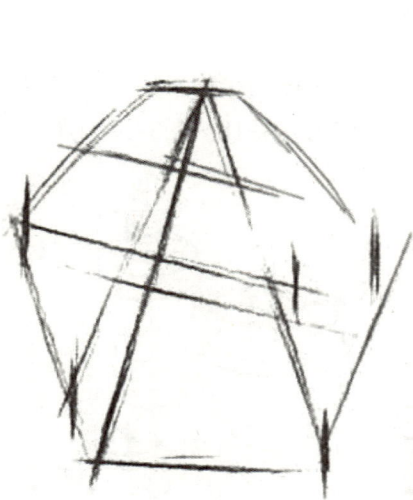

图3-3-22　用辅助线定出长方体与锥体之间的关系

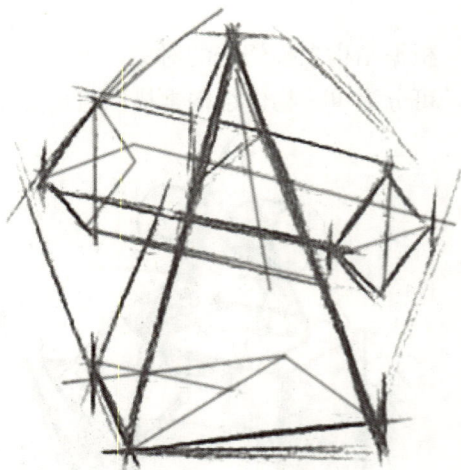

图3-3-23　画出透视

（3）用线条变化来体现形体空间的关系和特征，如图3-3-24所示。

（4）调整形体关系，明确形体特征，如图3-3-25所示。

图3-3-24 用线条变化体现形体空间的关系和特征

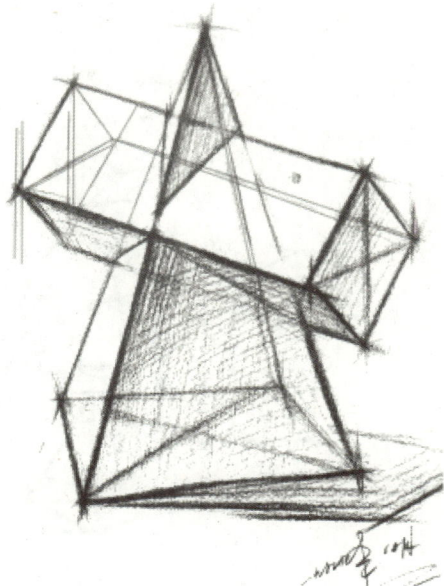

图3-3-25 调整形体关系

2. 组合几何体画法步骤

（1）观察组合几何体，在画面定好构图形式及各个物体位置，如图3-3-26所示。

（2）定出形体大的比例，画出形体内部结构，注意透视关系是否正确，如图3-3-27所示。

图3-3-26 确定构图形式及各个物体位置

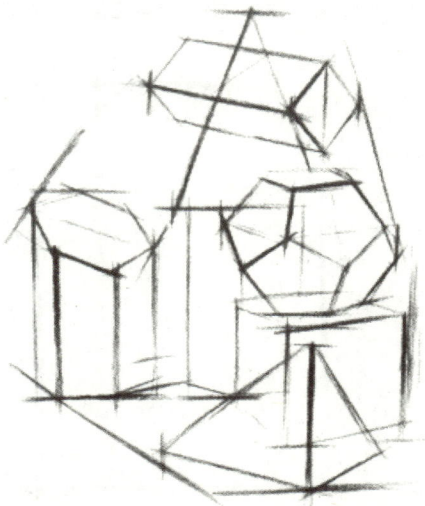

图3-3-27 画出形体内部结构

（3）用粗、细的线条来表示形体的空间位置，画面主要地方画实，次要的地方画虚，如图3-3-28所示。

（4）从整体出发，调整画面，如图3-3-29所示。

图3-3-28　用粗、细线条表示形体的空间位置

图3-3-29　调整画面

（二）静物结构素描的写生练习

在几何形体练习的基础上，加强静物结构素描训练，体现物体质感、肌理等。

1．单个静物画法步骤

（1）观察形体，用辅助线定出物体的高与宽比例，如图3-3-30所示。

（2）用短直线绘出大体轮廓，注意物体特征，如图3-3-31所示。

图3-3-30　用辅助线定出物体的高与宽比例

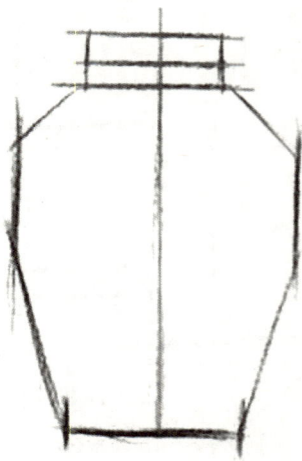

图3-3-31　用短直线绘出大体轮廓

（3）用粗线肯定物体的结构，如图3-3-32所示。

（4）描绘罐口、耳环处结构细节，体现质感，如图3-3-33所示。

图3-3-32 用粗线肯定物体的结构

图3-3-33 描绘细节

2. 组合静物画法步骤

（1）确立构图。推敲画面各个物体的安排，使物体主次位置得当，如图3-3-34所示。

（2）画出各个物体大的形体轮廓，注意比例关系，如图3-3-35所示。

（3）画出各物体的结构，如图3-3-36所示。

（4）丰富线条，用粗细不同的线体现物体质感，加强效果，如图3-3-37所示。

图3-3-34 确立构图

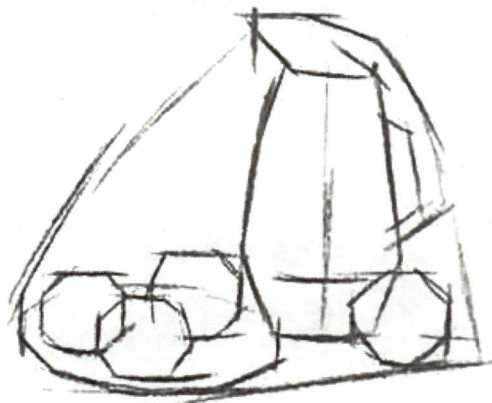

图3-3-35 画出大的形体轮廓

图3-3-36　画出各物体的结构

图3-3-37　丰富线条

五、结构素描习作欣赏

欣赏下列结构素描习作，如图3-3-38～图3-3-45所示。

作品欣赏

图3-3-38　结构素描习作1

图3-3-39　结构素描习作2

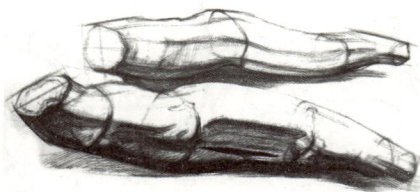

图3-3-40　结构素描习作3

图3-3-41　结构素描习作4

作品欣赏

图3-3-42　结构素描习作5

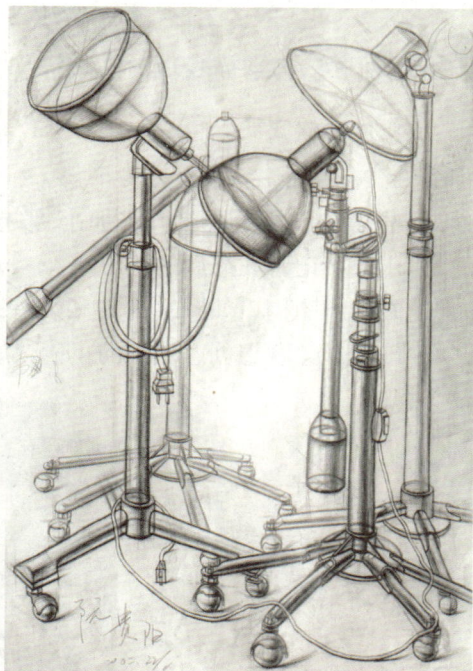

图3-3-43　结构素描习作6

图3-3-44　结构素描习作7

图3-3-45　结构素描习作8

六、创意结构素描

创意结构素描区别于传统意义上的素描学习，不再以写实再现为最终目的，而是强调主观审美性，突出发散性思维意识，是培养学生创造性思维的有效手段之一。

（一）创意结构素描表现形式训练

1. 形象联想创意

训练方法：

（1）根据一个物体原形，进行创意联想，如图3-3-46所示。

（2）用文字记录联想后的构思。

（3）画初步图稿，如图3-3-47和图3-3-48所示。

（4）确定形象联想创意表现的正稿，如图3-3-49所示。

图3-3-46　物体原形

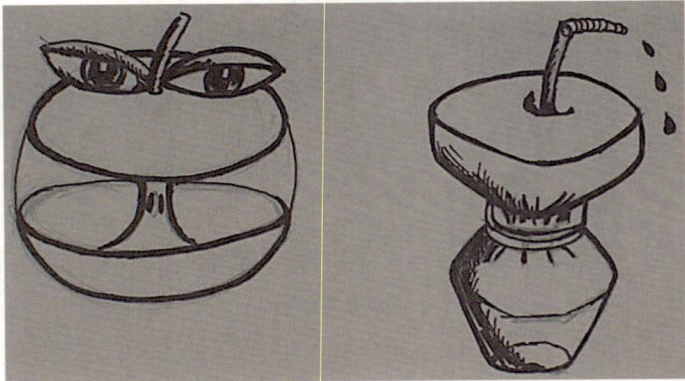

图3-3-47　构思图1

图3-3-48　构思图2

图3-3-49　创意表现稿

2. 形象替代创意

训练方法：

（1）准备多个物体原形，进行创意联想，如图3-3-50和图3-3-51所示。

（2）用文字记录联想后的构思。

（3）画初步图稿。

（4）确定一个创意表现，如图3-3-52所示。

图3-3-50　物体原形1

图3-3-51　物体原形2

图3-3-52　创意表现

（二）创意结构素描习作欣赏

欣赏下列创意结构素描习作，如图3-3-53～图3-3-56所示。

图3-3-53　创意结构素描习作1

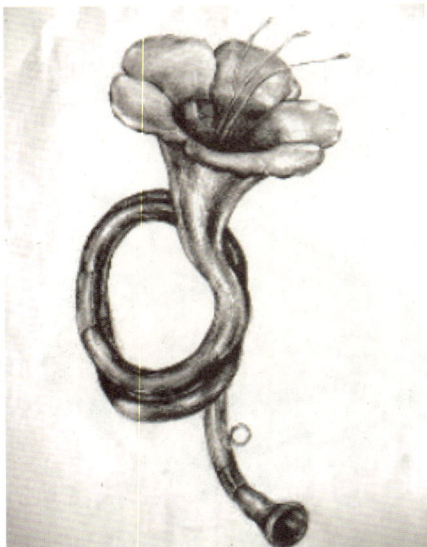

图3-3-54　创意结构素描习作2

图3-3-55　创意结构素描习作3

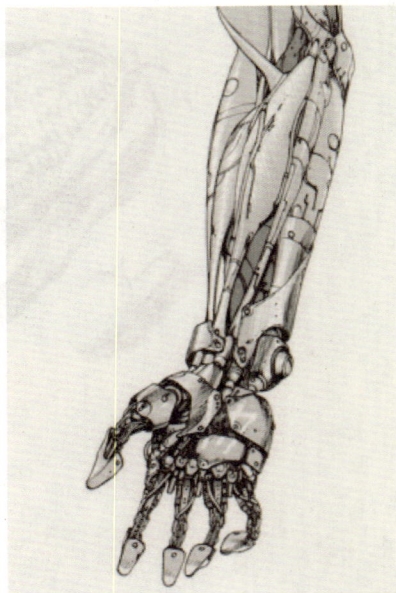

图3-3-56　创意结构素描习作4

拓展训练

1. 几何形体结构素描临摹与写生练习。

2. 静物结构素描临摹与写生练习。

3. 做水果系列创意结构素描练习。

单元四 色彩

学习导言

　　大自然通过色彩给予人们无限的视觉美感，更是慰藉着人们的心灵，唤起人们美好的情感，激发人们对大自然色彩的研究和对色彩美的规律的探寻。色彩与人类的生活、生产关系极为密切，人类的衣、食、住、行无一不与色彩有关。通过学习色彩基础知识，可以感受到色彩与生活的紧密关联，学会色彩搭配，能在实际需要中加以合理的利用，美化我们的生活。

第一节　色彩的基础知识

一、光与色的关系

　　色彩无处不在，它以神奇的力量把大自然装扮得千姿百态、丰富多彩。我们置身在大自然五彩缤纷的色彩世界中，无时无刻不在感受着色彩的美妙。色彩是光给人们带来的感受，人们能够看到自然界千变万化、五彩缤纷的色彩，就是由于光的照射。没有光就没有色，光是人们感知色彩的必要条件，色来源于光。所以说"光是色的源泉，色是光的表现"。

人们之所以能看到并能够辨认物象千差万别的色彩，是因为凭借光的射照反映到视网膜的成果，如果光消失了，那么色彩就无从辨认了。所以说，色彩是光的产物，没有光就没有色彩。物理学家牛顿的研究实验，让人们明确了对光与色的认识，1666年牛顿用三棱镜将太阳光分解成红、橙、黄、绿、青、蓝、紫7种单色光，如图4-1-1所示。

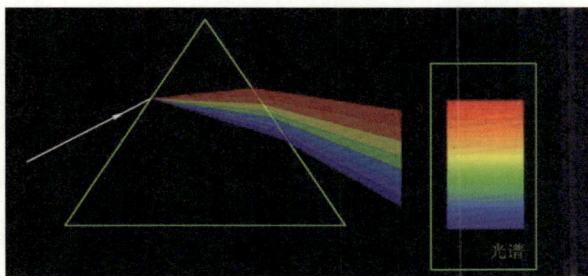

图4-1-1　分解光实验

这一实验证明了人们平常所见到的白色光实际上是由7种单色光混合而成的，这一发现揭开了色彩产生之谜。当白色光投射到某种物体上时，由于物体本身材质的关系，决定了对光线中某些色光的吸收而反射某种单色光作用于人体的眼睛，从而使人感受到不同的颜色。例如，人们看到红色的物体，是因为这种物体吸收了白色光线中其他色光而反射红光；绿色的物体同样是吸收了白色光线中的其他色光而反射绿光，这就是色彩的呈现原理。

二、色彩的分类

色彩的世界是由无彩色和有彩色共同组成的。从物理光学角度看，黑白灰属于无彩色；红、橙、黄、绿、青、蓝、紫等属于有彩色。

（一）无彩色系

无彩色系是指黑和白及黑白调和形成的各种深浅不同的灰色。无彩色系的颜色有一个基本的性质——明度，它们不具有各色相和纯度的性质。色彩的明度可用黑、白色来表示。越接近白色，明度越高；越接近黑色，明度越低，如图4-1-2所示。

图4-1-2　色彩的明度

（二）有彩色系

有彩色系是指光谱中的全部色彩都属于有彩色，它是由红、橙、黄、绿、青、蓝、紫和基本色构成的。不同明度和纯度的红、橙、黄、绿、青、蓝、紫色调都属于有彩色系。

有彩色是由光的波长和振幅决定的，波长决定色相，振幅决定色调，如图4-1-3所示。

图4-1-3　有彩色

有彩色系的颜色具有3个基本特性：色相、纯度（也称彩度、饱和度）、明度。在色彩学上也称之为色彩的三要素或色彩的3种属性。

三、色彩的基础知识

（一）色彩的原色、间色、复色

色彩的原色、间色和复色如图4-1-4所示。

图4-1-4　原色、间色、复色

1. 原色

原色就是不能用其他色调和出来的颜色，又称为一次色。原色能够合成其他颜色，而其他颜色却无法调出原色。

2. 间色

由两种原色相混合后产生的色彩称为间色，又称为第二次色。例如，橙色由红色和黄色混合而成，绿色由蓝色和黄色混合而成，紫色由红色和蓝色混合而成。

3. 复色

复色又称为第三次色。通常是指经过3种或3种以上的色彩调和而成，其纯度、明度都有明显变化的色彩，因此把这些大多呈低纯度、灰性的色彩称为复色。

（二）色彩的三要素

色彩的三要素为色相、明度和纯度，如图4-1-5所示。

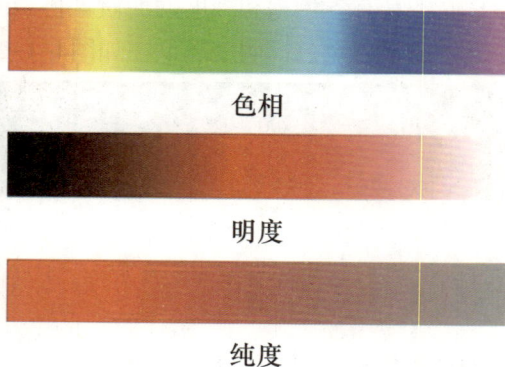

色相

明度

纯度

图4-1-5　色彩三要素

1. 色相

色相是指颜色本身所具有的特征，也是借以用名称来区别不同颜色的最准确的标准，如黄、红、绿、橙等。

从光学意义上讲，色相差别是由光波波长的长短产生的。即便是同一类颜色，也能分为几种色相，如黄颜色可以分为中黄、土黄、柠檬黄等，灰颜色则可以分为红灰、蓝灰、紫灰等。光谱中有红、橙、黄、绿、蓝、紫6种基本色光。

2. 明度

明度是指色相的明暗程度，它包括同一颜色的色相差别，也包括不同色相自身所具有的明暗差异，即人们常说的"深浅差别"或"素描关系"。一个色彩加入白色越多明度越高，加入黑色越多明度越低。

3. 纯度

纯度也称浓度，指色彩的鲜艳、饱和程度。它是由颜色中含有其他颜色的多少所决定的，一个色彩只要不加入其他色彩，就是高纯度的，只要加入了其他色彩，纯度就会降低。

（三）色彩的对比与调和

在两种事物之间能看出明显的不同，我们称之为对比。当这种不同达到最大程度时，我们称之为直径对比或地极对比。我们的感官只能通过对比而体验其效果，眼睛只有看到是与一根较短的线对比时，才承认另一根线是长的。当这根长线和另外一根更长的线对比时，这根长线又变成短的了。色彩效果同样可以用对比的方法来增强和减弱，并使色彩比较出明确的差别和它们之间的相互关系。

1）色彩的对比

1. 色相对比

色相对比是色彩对比中最简单、最常用又具天然美的配色。色相对比是指不同颜色并置，因色相之间的差别而形成的对比，如图4-1-6所示。各种色相在色相环上的远近距离不同，就能形成强弱不同的色相对比。

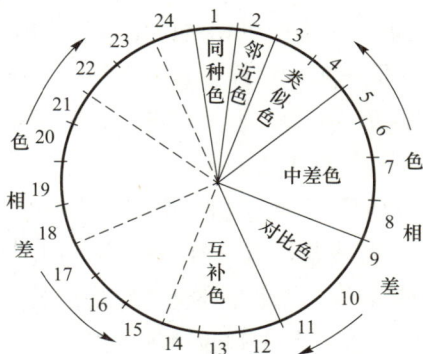

图4-1-6 色相对比

色相对比的表现力很强，既可以表现强烈的反差，又可以表现细微的差异。色相对比是现代画家和设计家常用的对比手法，如现代画家马蒂斯、蒙德里安、康定斯基、米罗等，因此在他们的作品里经常可以找到色相对比的运用。

（1）同种色对比。同一色相对比在色相环上的色相距离角度为0°～15°。同种色的对比实际上是同一色相中不同明度或纯度的色彩之间的对比，对比效果主要依靠明度变化来体现，如图4-1-7所示。这种色相的统一不是色相的对比因素，而是色相调和的因素，也是把对比中的各色统一起来的纽带。它的画面对比效果极为柔和、单纯、和谐，调子容易统一、调和，但也容易使画面显得平淡、单调、乏味，可以通过拉开明度距离和彩度的关系来进行调整。

（2）邻近色对比。邻近色对比是24色相环上色相距离约为30°，为弱对比类型，如红橙色与黄橙色、红色与紫红色对比等，如图4-1-8所示。效果感觉柔和、和谐、雅致，但也会感觉单调、模糊、乏味，可以通过明度差别来调节效果。

（3）类似色对比。类似色对比是指色相对比距离约为60°，为较弱对比类型，如红色与黄橙色对比等，如图4-1-9所示。效果较丰富、活泼，但又不失统一、雅致、和谐的感觉。

图4-1-7 同种色对比   图4-1-8 邻近色对比   图4-1-9 类似色对比

（4）中差色对比。中差色对比是指色相对比距离约为90°，为中对比类型，如黄色与绿色对比等，如图4-1-10所示。效果明快、活泼、饱满、使人兴奋，感觉有兴趣，对比既有相当力度，又不失调和感。

（5）对比色对比。对比色对比是指色相对比距离约为120°，呈现出比较强的对比效果，色彩冲突感较强，如红→橙→黄→黄绿，黄→黄绿→蓝→蓝紫等，如图4-1-11所示。效果虽强烈、醒目、有力、活泼、丰富，但不易统一而显得杂乱、刺激，造成视觉疲劳，一般需要采用多种调和手段来改善对比效果。

（6）互补色对比。互补色对比是指色相对比距离为180°，为极端对比类型，对比最为强烈，如红→黄→绿，黄→蓝→紫，蓝→红→橙等，如图4-1-12所示。互补色对比的对立性使对立双方的色相更加鲜明，因此互补色对比是最具美感价值的配色。在色相中，要想使一色的特征加强，可以用互补色来刺激达到效果，如"万绿丛中一点红"的色彩画面，让红和绿两种色彩都显示出张力。

图4-1-10 中差色对比　　　图4-1-11 对比色对比　　　图4-1-12 互补色对比

2. 明度对比

明度对比是指色彩明暗或深浅程度的对比。每一种颜色都有自己的明度特征，如饱和的紫色和柠檬黄，一个暗，一个亮，当它们放在一起对比时，在视觉上除了分辨出它们的色相不同外，还会明显地感觉到它们之间明暗的差异，这就是色彩的明度对比，如图4-1-13所示。明度的对比有色相的明暗变化，黑与白的明暗变化，色相和黑与白混合后的明暗变化。严格地说，所有的视觉现象都是由色彩及其明度造成的。人们能够捕捉到形态的特征，是因为眼睛具有区分不同明度和颜色的能力。

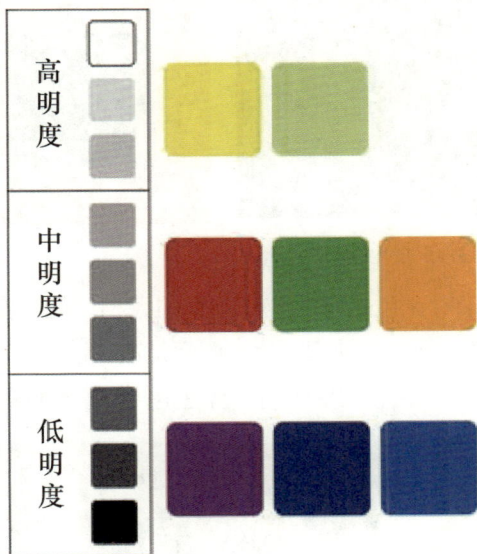

图4-1-13 明度对比

明度关系由明到暗可分为白、浅灰、中灰、深灰和黑五级，也可以用日本色研所的"九级"明度色标来表示色的明暗程度。明度不同的色调在画面中的表现也有所不同。一般来说，低明度色调色彩感较弱，具有沉静、忧郁、厚重的特点；中明度色调多显色彩的

柔美与丰富，具有含蓄、典雅、稳定等特点；高明度色调由于色彩明度过高反而使色彩感减弱，具有轻盈、明快、单薄的特点，如图4-1-14所示。

高明度　　　　　　中明度　　　　　　低明度

图4-1-14　高、中、低明度的不同色调

3．纯度对比

纯度对比是指不同纯度的两色并置，因纯度差而形成鲜的更鲜，浊的更浊的色彩对比现象，如图4-1-15所示。浊色与鲜色的对比是相对性的，在浊色旁的鲜色愈鲜，在鲜色旁的浊色愈浊，如图4-1-16所示。

图4-1-15　纯度对比　　　　　　　　　　图4-1-16　浊色与鲜色对比

纯度对比的强弱取决于对比色之间的纯度差别的大小。低纯度对比的画面色彩往往视觉效果比较弱，形象的清晰度也低；中纯度对比的画面是最和谐的，画面效果含蓄丰富，主次分明；高纯度对比较为强烈，画面色彩效果明朗、富有生气，色相辨识度高，如图4-1-17所示。

图4-1-17　低、中、高纯度对比效果

4. 冷暖对比

冷暖本来是人体皮肤对外界温度高低的感知度。太阳、炉火等会使人觉得温暖，大海、雪地、冰川等环境会使人感觉到冰冷。这些生活常识下的积累使人的视觉、触觉及心理活动之间具有一种特殊的、下意识的联系，在生理上或心理上都会由于意识惯性而引起相应的条件反应。例如，看到红、橙、黄等色彩感到暖和，看到蓝绿、蓝、蓝紫色彩感到清冷，于是将冷暖这种"温度"的感觉同视觉领域的色彩感觉联系在一起了。这种将冷暖色同时放在一起对比的现象称为冷暖对比。冷暖对比其实就是色相对比的又一种表现形式，如图4-1-18所示。

图4-1-18 冷暖对比

2）色彩的调和

色彩的调和是指配色关系的和谐统一。色彩的调和就是为了使有明显差别的色彩经过调整，构成和谐而统一的整体，使之能自由地组织并构成符合目的的优美的色彩关系。色彩的调和有以下3种方法。

1. 同种色调和

同种色调和是指同一色相只有明度与纯度差别的配置，如大红、深红、粉红的配置，其表现为简洁、单纯，画面很协调但色彩单调。色彩配置的时候，可以适当拉开色与色之间的明度差，以避免色的"同化"，如图4-1-19所示。

2. 类似色调和

类似色调和是指含有共同色素的色彩的搭配调和，如蓝紫、绿、黄绿色的配置，其色调单纯、柔和、稳重而又富于变化。注意明度要有适当对比，避免造成画面模糊一片。类似色调还可以与黑白灰等配合使用，以增强色彩的纯度和明度的变化，使得画面既和谐统一，又富于变化，如图4-1-20所示。

图4-1-19 同种色调和

图4-1-20 类似色调和

3. 对比色调和

对比色调和是指不含有共同色相的色之间的搭配调和，如黄、蓝、绿与红色配合，其表现为鲜明、活泼、艳丽、强烈有刺激性，如果处理不当，易形成杂乱、炫目的效果。对比色的配置有两种：一种是补色配置，这是最强烈的色彩配置，如红与绿、黄与紫的配置；另一种是次对比配置，如红与蓝、蓝与黄的配置。对比色的调和方法有以下几种。

（1）同一调和法。同一调和法指的是选择同一性很强的色彩组合，或者增加对比色各方的同一性，如图4-1-21所示。它包括色相调和、明度调和、纯度调和。

（2）秩序调和法。在对比色之间配置相应的色彩序列，形成渐变的、有条理的或等差的、有韵律的画面效果，使原本强烈对比、刺激的色彩由此变得有条理、有秩序，减弱双方直接对比，从而使色彩关系达到统一调和，如图4-1-22所示。

图4-1-21 同一调和

图4-1-22 秩序调和

（3）面积调和法。面积调和不包含色彩本身色素的变化，而是通过面积的增大或减小，使色彩关系达到调和。面积对比的加强实际上是在增加一个色素分量的同时，而减少了另一个色素的分量，占据画面较大面积的色彩减弱了较小面积色彩的影响力，从而起到了对色彩的调和作用，使主导的色彩从色量、面积、色彩倾向等方面支配着整体色彩，在画面上形成一个整体的色调，如图4-1-23所示。

（4）混合调和法。混合调和法有4种形式：①可以将对比色的一方或双方混入黑、白、灰中任何一色，降低色彩纯度，减弱对比强度，使其色彩效果达到调和；②可以将对比色同时混入同一色相，使其产生共同因素；③在对比色中一方混入另一方的颜色；④对

图4-1-23 面积调和

比色双方互混，达到你中有我，我中有你，以此建立起内在联系，使色彩关系达到调和，如图4-1-24所示。

（5）间隔调和法。强对比的色彩之间建立起一个中间地带来缓冲色彩的过度对立。它不改变对比色彩的任何属性，只是在各种对比色之间建立缓冲区，用黑、白、金、银、灰中的任何一色隔开发生矛盾冲突的色彩，使对比色相互不冲突、平稳和谐，从而达到调和的效果，如图4-1-25所示。

图4-1-24　混合调和

图4-1-25　间隔调和

第二节　色彩与心理

色彩在心理上的反映着重表现在知觉和情感的思维方面。知觉范畴包括色彩的对比、前进与后退等；感情范畴包括色彩的冷暖、联想、象征等。

一、知觉

（一）色彩的对比

色彩的对比分为同时对比和继续对比两类。

1. 同时对比

同时对比是指两种以上的色彩并置在一起所形成的对照现象，它可以分为色相对比、明度对比、纯度对比、冷暖对比和面积对比，如图4-2-1所示。

色相对比 明度对比

纯度对比 冷暖对比 面积对比

图4-2-1　同时对比

　　（1）色相对比。如果将两块相同的橙色块分别放在黄色底上和红色底上，则黄色底上的橙色偏黄，红色底上的橙色偏红。红绿并置，使得红色更红，绿色更绿。

　　（2）明度对比。如果将两块同样的灰色块分别置于黑底纸上和白底纸上，黑底纸上的灰显得亮，则白底纸上的灰显得暗。有彩色同样有类似的明度对比效果。

　　（3）纯度对比。当鲜艳的色和灰暗的色并置时，鲜艳的色就会显得更鲜艳，灰暗的色就会显得更灰暗。

　　（4）冷暖对比。如果将橙色和蓝色并置，则橙色会显得更暖，蓝色会显得更冷。

　　（5）面积对比。面积大小不同的色并置，大面积的色易于形成调子，小面积的色易于突出。

　2. 继续对比

　　继续对比指的是先看了一色后，再看另一色，因前色的影响使后色起了变化。当人们看了黑底上的红色图形再看白墙时，则白墙更白，红色图形变成了青绿色图形。如果先看了红色再看黄色，黄色则变成了黄绿色（混合了红色的补色——绿色）。

（二）色彩的适应

　　当人们从亮处进入暗处时，先是什么也看不见，但渐渐地又能看见东西，这称为暗适应。当人们从暗处突然走向亮处时，便会睁不开眼，但很快又能看见东西，这称为明适应。人们看鲜艳的色久了，就不觉得颜色像刚看时那样鲜艳了，这称为色适应。

（三）色彩的恒常性

　　色彩的恒常性也被称为稳定性，当白纸放到暗处时，仍觉得纸白；煤块放在强光下并不是最黑的，但仍感到很黑，这就是明度的恒常性。同样，当红光照到白纸和黄纸上时，白纸应为红纸，黄纸应为橙纸。然而，当人们分别看白纸和黄纸时，仍感到白纸有白度，黄纸有黄度。

（四）色彩的易见度

当人们用黑色和黄色在红纸上写字时，看黑字时就很吃力；而黄字就很醒目。原因是黑色与红色明度接近，易见度低；黄色与红色明度差距大，易见度高，如图4-2-2所示。所以我国古画论中早就提出了"青紫不并列，黄白不肩随"。

（五）色彩的前进与后退

色相中的暖色（红、橙、黄有前抢感，称前进色；冷色（蓝色系）有隐退感，称后退色。明暗并置，亮的为前进色，暗的为后退色。彩色中，鲜艳色前进，灰暗色后退，如图4-2-3所示。

图4-2-2 色彩的易见度

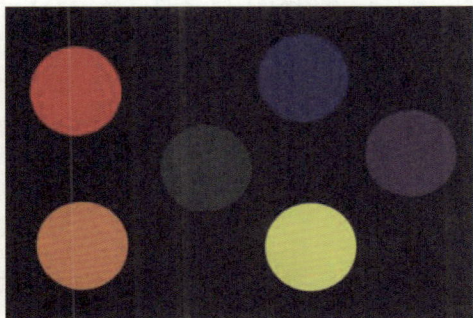

图4-2-3 色彩中的前进与后退

（六）色彩的膨胀与收缩

白色、暖而艳的色有扩张感，黑色、冷灰色具有收缩感，这就是色彩的膨胀与收缩。在灰纸上放着同样大小的白色块与黑色块时，人们会感到白色块比黑色块大，如图4-2-4所示。

（七）色彩的错觉

同样的颜色放在灰色底上和黄色底上，颜色就会有变化；同样的灰色块，同时放在黑纸上和白纸上，灰色却有深浅之分，这就是色彩的错觉现象，如图4-2-5所示。

图4-2-4 色彩的膨胀与收缩

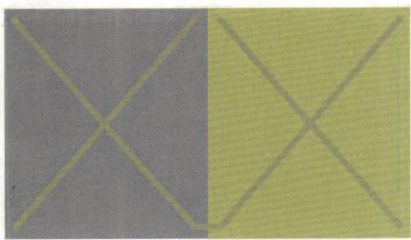

图4-2-5 色彩的错觉

二、色彩与感情、思维（联想、象征与联觉）

色彩本身并无感情，而是人们自身感情的投射，色彩的感情是由于人们对色彩产生情感的联想所形成的。

（一）色彩的感情

1. 兴奋色与沉静色

红、橙、黄等暖色系的纯色给人以兴奋感，易表现快乐的情绪；蓝、蓝绿等冷色系的纯色给人以沉静感，常常使人联想到和平、安静、休息和生机盎然。冷色还是一种使人镇静的颜色，黑白对比强烈的色彩给人以紧张感，灰色及彩度低的色彩给人以和谐而舒适的感觉，如图4-2-6所示。

图4-2-6　兴奋色与沉静色

2. 暖色与冷色

色彩的冷暖感觉一般是由色相决定的。例如，红、橙、黄等色，会使人产生温暖感，称之为暖色，像水一样的蓝色、蓝绿色或倾向于蓝色、蓝绿色称为冷色；绿和紫一般看作中性色，但如果它们倾向于蓝，就可归为冷色系列，倾向于红、黄，也可归为暖色系列。一般来说，暖色系列的色彩较易使人感觉温暖，冷色系列的色彩较易使人觉得寒冷，如图4-2-7所示。

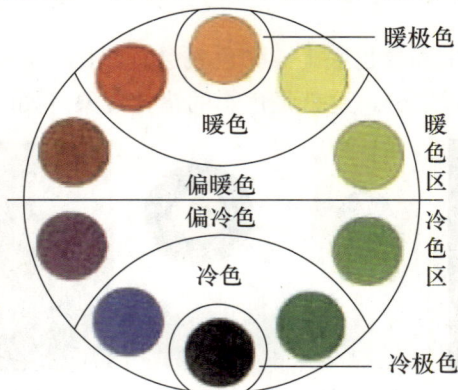

图4-2-7　暖色与冷色

此外，色彩的冷暖与明度和彩度也有关系。高明度的色彩偏暖，低明度的色彩偏冷；高彩度的色彩偏暖，低彩度的色彩偏冷。色彩的冷暖感觉是相对的，而不是绝对的，是相比较而言的。例如，比橙色冷的绿色、黄绿色，与青色相比又觉得暖些。

3. 轻快色与沉重色

色彩的轻重基本上是由明度决定的。明度越低越显重，明度越高越显轻。明亮的色彩如黄色、淡蓝色等给人以轻快的感觉，而黑色、深蓝色等明度低的色彩使人感到较沉重。感觉轻的色彩给人以轻快感，也使人感到不够安定，相反，低明度的色彩有稳定的感觉，如图4-2-8所示。

图4-2-8　轻快色与沉重色

4. 色彩的华丽与朴素

彩度高的色彩和暖色系的色彩华丽、喜庆，易刺激人的情绪。彩度低的色彩和冷色系的色彩给人以朴素、平实之感。但如果使用不当或一味追求其与众不同，也可能会使人感到沉闷。明色华丽，暗色朴素，金银色等光泽色虽然华贵，但用之过分也会呈现俗气的低格调，因此要适可而止，谨慎使用，要注意用无彩色（黑、白）、中性色或灰色系进行调和，如图4-2-9所示。

图4-2-9　色彩的华丽与朴素

5. 软色与硬色

色彩明度高的显软，色彩明度低的显硬；高调子的配色显软，低调子的配色显硬。在色彩方面，中彩度色彩有柔软感，高彩度的鲜艳色和低彩度的灰暗色有硬的感觉，暖色系较软，冷色系较硬。在无彩色中，黑色与白色给人以较硬的感觉，而灰色则较柔软，如图4-2-10所示。

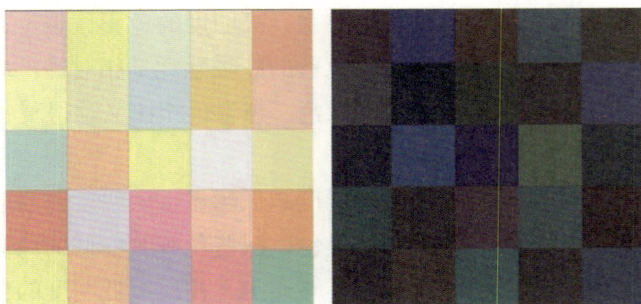

图4-2-10　软色与硬色

6. 色的活泼感与忧郁感

色彩的明快与忧郁感如何呈现，与明度和彩度的关系较大。明度越高越具有活泼感，明度越低越具有忧郁感；而彩度越高越具有活泼感，彩度越低越具有忧郁感。色调对比强时具有活泼感，色调对比弱时具有忧郁感，如图4-2-11所示。

图4-2-11　色的活泼感与忧郁感

7. 色的强与弱

纯度高的色具有强感，纯度低的色具有弱感；有彩色强，无彩色弱，如图4-2-12所示。

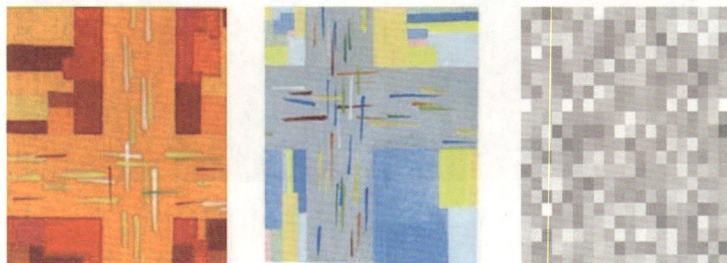

图4-2-12　色的强与弱

（二）色彩的联想

联想是指由这一事物想到另一种事物的心理过程，它是以过去的经验、记忆为基础

的。由于民族、地区、职业、年龄、性别、文化程度等条件不同，个人的联想也不同。色彩的联想分为具体联想和抽象联想，如表4-1所示。

表4-1 色彩的具体联想和抽象联想

类别 色彩	色彩的具体联想	色彩的抽象联想
白	雪、纸、白兔、砂糖等	洁净、纯真、神圣、神秘
黑	煤、黑夜、头发、墨汁等	死亡、悲哀、刚健
红	太阳、苹果、鲜血、口红、红旗、郁金香等	兴奋、热情、革命、危险、热烈、紧张、奋进、激情
黄色	香蕉、油菜花、柠檬、月色	明朗、动感、光明、希望、愉悦、祥和、欢快
蓝色	海洋、天空、水	清爽、开朗、理智、沉静、深远、忧郁、寂静
绿色	草原、树叶	舒适、和平、清新、希望、安宁、祥和、静穆
紫色	葡萄、薰衣草、紫罗兰、茄子等	高贵、优雅、神秘、豪华、思念、悲哀、温柔、女性

（三）色彩的象征

以某色代表某种抽象观念称为色彩的象征。经过约定俗成的具象联想物的色彩都可以作为象征物，如红旗象征革命。谈象征问题时应和具体事物结合起来，抽象谈某色彩象征什么是不正确的。例如，同是红色，灯笼的红色表示喜庆；红旗的红色表示革命；指挥灯、救火车的红色则表示停止、危险。由于各国的文化习俗不同，色彩的象征意义有时完全相反。黄色在中国传统文化中是尊贵的颜色，是历代帝王的专用色，象征高贵、皇权，国旗上的五星黄色代表光明，而西方文化中的黄色则是低级、卑劣的象征，如出卖耶稣的犹大穿的黄色衣服。黄色在印度作为光明的象征，而在巴西、伊斯兰教国家则作为绝望、死亡的象征。

（四）色彩的联觉

何为联觉？在心理学上人们将对一种感官的刺激作用触发另一种感觉的现象称为"联觉"现象。

1. 色彩与听觉的联觉

当听到乐音时，大脑里同时出现了与之相对应的颜色，这称为色听。心理学家金斯伯格的色听是：

钢琴声：低音→高音
颜色：黑→褐→深红→大红→深绿→铜绿→青→灰→银灰

人们熟知的俄罗斯的画家和美术理论家康定斯基，他认为音乐与绘画存在着一种深刻的关系，他的绘画一向被认为是"凝固的音乐"。他的抽象绘画，表现了他对音乐的热爱，在他的画面中人们可以感受到音乐般的节奏与韵律。"我听到音乐，就看到了色彩。"康定斯基说。他指出，我们不仅能从音乐中"听见"颜色，并且也能从色彩中"看到"声音：黄色具有一种特殊能力，可以愈"升"愈高，达到眼睛和精神所无法忍受的高度，如同愈吹愈高的小喇叭会变得愈来愈"尖锐"，刺痛耳朵和精神；蓝色具有完全相反的能力，会"降到"无限深，以其雄伟的低音而发出横笛（浅蓝色时）、大提琴（降得更低时）、低音提琴的音色；绿色非常平衡，相当于小提琴中段和渐细的音色；红色（朱砂色）运用技巧时，可以给予强烈鼓声的印象，如图4-2-13所示。

2. 色彩与味觉的联觉

粉红色、奶油色（联想到了糕点）——甜；红（联想辣椒）——辣；黄绿色（联想到未成熟的橘子）——酸，如图4-2-14所示。

图4-2-13　色彩与听觉的联觉

图4-2-14　色彩与味觉的联觉

3. 色彩与嗅觉的联觉

柠檬味——黄色；薄荷味——绿色；腐烂味——褐色。通常红、黄、橙等的暖色系容易使人感到有香味，偏冷的浊色系容易使人感到有腐败的臭味。深褐色容易联想到烧焦了的食物，感受到烤焦的味道。

三、色彩的应用

1. 红色

由于红色容易引起注意，因此在各种媒体中也被广泛地应用，除了具有较佳的明视效果之外，更被用来传达有活力、积极、热诚、温暖、前进等含义的企业形象与精神，另外红色也常用来作为警告、危险、禁止、防火等标示用色。人们在一些场合或物品上，看到红色标示时，常不必仔细看内容，即能了解警告危险之意，在工业安全用色中，红色即是警告、危险、禁止、防火的指定色。

2. 橙色

橙色明视度高，在工业安全用色中，橙色即是警戒色，如火车头、登山服装、背包、救生衣等，由于橙色非常明亮刺眼，有时会使人有负面低俗的感觉，这种状况尤其容易发生在服饰的运用上，因此在运用橙色时，要注意选择搭配的色彩和表现方式，才能把橙色明亮活泼、具有口感的特性发挥出来。

3. 黄色

黄色明视度高，在交通安全用色中，黄色即是警告危险色，常用来警告危险或提醒注意，如交通标志上的黄灯、工程用的大型机器、学生用的雨衣雨鞋等，都使用黄色。

4. 绿色

在商业设计中，绿色所传达的清爽、希望、生长意象，符合服务业、卫生保健业的诉求，在工厂中为了避免工作人员操作时眼睛疲劳，许多工作的机械也采用绿色，一般的医疗机构场所，也常采用绿色来做空间色彩规划，即标示医疗用品。

5. 蓝色

由于蓝色沉稳的特性，使其具有理智、准确的意象，在商业设计中，强调科技、效率的商品或企业形象，大多选用蓝色作为标准色、企业色，如计算机、汽车、影印机、摄影器材等，另外蓝色也代表忧郁，这是受了西方文化的影响，这个意象也运用在文学作品或感性诉求的商业设计中。

6. 紫色

由于紫色具有强烈的女性化性格，在商业设计用色中，紫色也受到相当的限制，除了和女性有关的商品或企业形象之外，其他类的设计不常采用为主色。

7. 褐色

在商业设计上，褐色通常用来表现原始材料的质感，如麻、木材、竹片、软木等，或者用来传达某些饮品原料的色泽（即味感），如咖啡、茶、麦类等，或者强调格调古典优雅的企业或商品形象。

8. 白色

在商业设计中，白色具有高级、永恒的意象，通常需和其他色彩搭配使用，纯白色会带给别人寒冷、严峻的感觉，所以在使用白色时，都会掺杂一些其他的色彩，如象牙白、米白、乳白、苹果白；在生活用品、服饰用色上，白色是永远流行的主色，可以和任何颜色搭配。

9. 黑色

在商业设计中，黑色具有高贵、稳重的意象，许多科技产品的用色，如电视、跑车、摄影机、音响、仪器的色彩，大多采用黑色；在其他方面，黑色庄严的意象，也常用在一些特殊场合的空间设计上；生活用品和服饰设计大多利用黑色来塑造高贵的形象，它也是一种永远流行的主要颜色，适合和许多色彩搭配。

10. 灰色

在商业设计中，灰色具有柔和、高雅的意象，而且属于中间性格，男女皆能接受，所

以灰色也是永远流行的主要颜色。在许多的高科技产品中，尤其是和金属材料有关的，几乎都采用灰色来传达高级、科技的形象，使用灰色时，大多利用不同的层次变化组合或搭配其他色彩，才不会过于沉闷，导致有呆板、僵硬的感觉。

数以千万计的色彩，对人的心理产生不同的感受，这种心理感受有共通的部分，但又由于经历、性格、修养、习惯的差异而有所不同，这都说明色彩给人的感受是受多种因素影响的。

第三节　色彩的色调

色调指的是一幅画中画面色彩的倾向，是整体的色彩效果。任何一幅绘画作品中虽然用了多种颜色，但总体有一种色彩倾向，是偏蓝或偏红，还是偏暖或偏冷等，这种颜色上的倾向就是色调。在明度、纯度、色相这3个要素中，某种因素起主导作用，就称其为某种色调。通常可以从色相、明度、冷暖、纯度4个方面来定义一幅作品的色调。

色调构成是建立在有序的基础之上的，在复杂的色彩环境中探寻有序的色彩组合关系。色调构成强调对比与调和、变化与统一的规律。有色调感，就是在对比与统一中，色调的统一占主体地位，对比占辅助地位。其分配比例大约是70%的统一，30%的对比，或者是80%的统一，20%的对比，或者是60%的统一，40%的对比，统一的比重越大，和谐程度越高，对比的比重大，会增加画面的丰富性、趣味性，这就要看自己对于比例的把握了。

色调是一种独特的色彩美感形式。它对于表现绘画的主体思想、情调意境，具有无法替代的表现力和感染力。

一、冷、暖色调

冷色与暖色是依据视觉心理对色彩的感知性而进行的分类。红色、橙色、黄色具有温暖的感觉，给人以热烈、欢快、温暖、奔放的感觉。蓝色、紫色、绿色具有寒冷的感觉，给人以清冷、宁静、凉爽的感觉。无彩色系整体倾向于寒冷的感觉。画面中冷暖色的分布比例决定了画面的整体色调，这就是通常所说的暖色调、冷色调，如图4-3-1所示。

图4-3-1　冷、暖色调

二、清色系、暗色系、纯色系、浊色系色调

（一）清色系色调

在某种色相的颜色中调入白色，以提高色彩的明度，成为一组清色系色调。如果色调清新、明快，也称明净清新的明色调。在专业设计中，这套系列色彩适合表现年轻、朝气蓬勃、青春、优美好动的旋律，如图4-3-2所示。

（二）暗色系色调

在某种色相的颜色中调入黑色，以降低色彩的明度，成为一组暗色系色调。黑色与纯色混合形成的暗色，在色彩中融入了内敛的力量，沉静、精悍、高深莫测，体现出肃穆和庄严，如图4-3-3所示。

图4-3-2　清色系色调

图4-3-3　暗色系色调

（三）纯色系色调

纯色系是由高纯色相组成的色调，色相之间对比强，所以高纯度色相组合具有扩张性和刺激性，有热烈、朝气蓬勃、激奋、活力四射的特点。现代色彩就偏爱高纯度色相的运用，而古典倾向的色彩运用就喜欢用灰色来表达高雅和含蓄的感情，如图4-3-4所示。

（1）红色调代表活力、积极、向上。

（2）橙色调代表愉快、爽朗、光明、艳丽。

（3）黄色调代表光亮、前进、清澈、明净。

（4）绿色调代表肃静、安全、公平、亲情。

（5）蓝色调代表崇高、纯洁、冷静、圆熟。

（6）紫色调代表高雅、尊贵、梦幻、幽深。

图4-3-4 纯色系色调

（四）浊色系色调

浊色系色调包括明灰调、中灰调和暗灰调，如图4-3-5所示。

图4-3-5 浊色系色调

1. 明灰调

色相中调入大量的浅灰色，使色彩变为高明度并略带灰色的感觉。饱和度降低，明度值偏低。

明灰调以极为平静的方式，蕴涵着高雅与恬静。它显示出柔软、恬静、清淡、淡泊轻飘的感觉。

2. 中灰调

在各色中均调入中灰颜色，使之成为含灰色的中明度色彩。使色相的纯度降低，明度值在中间。

中灰色调色相感统一，色调朴实、含蓄、沉着、稳重、和谐、安定，略带消沉的特色。

3. 暗灰调

在各个色相中调入暗灰颜色，形成明度低的含灰色调。使色相饱和度降低，明度值偏低。色调浑厚、古朴、忧郁、压抑，但有时低调灰暗的色彩形象，能够意外地获得富有内涵、沉静而浑厚的意象，呈现出一种别致的格调。

三、多组对比色调组合的表现性

以一组色彩基调为主调，加入1～2组具有对应关系的其他色调，进行对比组合，其色彩表现效果比一组色调的表现更加丰富。它是以强调色调与色调之间的对比效应为组合特征的，运用了色彩的纯度、明度、色相三要素来进行对比，如图4-3-6所示。

图4-3-6 多组对比色调组合

1. 明色调与暗色调的组合

清色系色彩与暗色系色彩的对比，以强调明暗对比关系为特征。对比效果表现清晰、威严、理智。

2. 纯色调与浊色调的组合

纯色相与含灰色的色彩对比，以强调鲜灰对比关系为特征，既保持了色相感强的视觉冲击力，又有一定的调和效果。色调呈现活泼、清亮、安定的感觉。

3．纯色调与黑白色的组合

纯色调与黑白色的组合以黑白极色与纯色相形成强对比关系为特征。纯色、亮、暗三者并列，是最醒目、最精神的搭配。纯色相鲜明，黑白色有力量感而且安全、理智，这样的组合更为利落、强烈、洒脱。

四、多组近似色调组合的表现性

以近似色彩特征的两组以上的色调色彩进行组合，以强调色调间和谐的色彩关系为表现特点，如图4-3-7所示。

图4-3-7　多组近似色调组合

1．明色调与明灰调的组合

明色调与明灰调都是高明度的色彩关系，二者组合以强调高调子弱对比关系为调性特征，呈现清淡、柔美、温文尔雅的感觉。

2．暗色调与暗灰调的组合

暗色调与暗灰调都是暗色系色彩，深暗、灰暗的色彩组合强调暗调子弱对比的效果，呈现古雅、深沉、雄厚的特点。

3．纯色调与中明调、明色调的组合

纯色调与清色系色彩组合，以强调浓烈的色相感为调性特征，纯色系的单纯响亮色感，配以邻近色、同类色关系的弱对比关系，使画面清新、风雅、爽朗，充满活力。

4. 浊色调与中灰色调的组合

浊色调与中灰色调都属于中明度色彩关系，以强调中调子弱对比为调性特征。浊色调色相感强而又不艳，中灰调色相感柔和而含蓄，两组色配合既有色彩感又有内涵，使画面朴实、稳重。

第四节　色彩的表现技法

色彩是绘画的重要语言和表现手段，色彩在运用上分为写生色彩和装饰色彩。

一、写生色彩

写生色彩侧重于描绘客观物象，研究有关物象条件色的变化，使之科学地再现大自然，有真实感。写生色彩是学习绘画的基础，主要用于肖像、风景、静物及主题绘画。

写生色彩着重解决物体的形体结构、质感及三度空间问题，侧重研究物体固有色、环境色、光源色之间的相互关系。写生色彩具有丰富的色彩变化、真实感强的特点，如图4-4-1所示。

图4-4-1　写生色彩

（一）固有色

固有色是指物体原有的色彩。物体只有在正常日光照射下才呈现出的固有的色彩，如红色、紫色、黄色等。有时在光照下，物体受光和背光部分的固有色发生了变化，只有半受光的部位较多地反映了固有色。

（二）光源色

光源色是指照射物体光线的颜色。色彩的本质是光，光和色彩有密切关系。宇宙万物之所以呈现出各种色彩，各种光照是先决条件。在日常生活中，光有多种来源，色相偏冷

的有日光灯光、月光、电焊弧光等；色相较暖的有白炽灯光、火光等。即便是太阳光，一天之中早晨、中午、傍晚这些时间上的差异，以及照射地球角度的不同也会对景物的色彩产生不同的影响。

（三）环境色

环境色也称为"条件色"。自然界中任何事物和现象都不是孤立存在的，一切物体色均受到周围环境不同程度的影响。环境色是一个物体受到周围物体反射的颜色影响所引起的物体固有色的变化。环境色主要反映在物体的暗部，虽然没有光源色那么强，但它却能引起比较复杂的色彩变化，它几乎可以改变固有色。周围的色彩受光照越强，环境色彩变化越大，反之色彩变化就越小。

在色彩写生实践中，只有认识、理解物体色彩的相互影响，弄清物体的光源色、固有色、环境色之间的相互关系，才能画出色彩丰富、和谐的作品。

二、装饰色彩

装饰色彩用来美化人们的生活，按实用、美观、经济的目的来使用主观性很强的色彩。装饰色彩用色注重对比、协调、组合。对物象的色彩加以提炼、夸张、变化，并大胆地进行主观想象与创造，使之理想化。装饰色彩主要用于装饰艺术、工艺美术、壁画、染织、装饰画等，如图4-4-2所示。

图4-4-2　装饰色彩

装饰色彩不受物体固有色、光源色、环境色的约束，具有象征性、浪漫性、装饰性。一幅装饰画第一印象往往是色彩，色彩是装饰画的主要因素之一。装饰色彩主观性较强，一般是根据需要而设计色彩，装饰画的色彩技法主要有以下几种。

（一）平涂法

平涂法是将调好的色彩均匀地、平整地涂在已画好的图形里。调色时应注意颜料的浓度，太干涂不开，太湿又涂不匀，颜料要浓淡均匀，否则会影响到画面的效果。运用大小不同的色块来描绘纹样，主要靠色彩的面积对比和层次变化来达到画面的和谐统一，如图4-4-3所示。

（二）勾线法

勾线法是在色块平涂的基础上，用色线勾勒纹样的轮廓结构，可以使画面更加协调统一，使纹样更清晰、精致。线条可以有各种形式的变化，如粗细、软硬、滑涩等。上色时，既可以不破坏线形，也可以有意地予以线条似留非留、似盖非盖的顿挫处理，从而使线形更加富有变化。勾勒的线形依据艺术立意可粗、可细，勾勒线条的工具可为毛笔、钢笔和蜡笔等。用不同特点的线进行勾勒，会得到不同的效果，如图4-4-4所示。

图4-4-3　平涂法　　　　　　　　　　　图4-4-4　勾线法

（三）点绘法

点绘法是在大面积色块平涂的基础上，以点为主，用点的疏密点缀于画面中，使形体出现虚实、远近渐变的特殊变化效果。用色点绘制细部结构的变化，能形成色彩的空间混合效果，并具有立体感。点的大小应尽量均匀，否则整体效果会受到影响，如图4-4-5所示。

（四）推移法

推移法是指运用色彩构成中推移渐变的方法表现形象块面与层次关系的技巧，用深浅

不同的色彩或色相的转换进行多层变化，可使图形在色彩上更加富有层次感，整体上又富有变化，如图4-4-6所示。

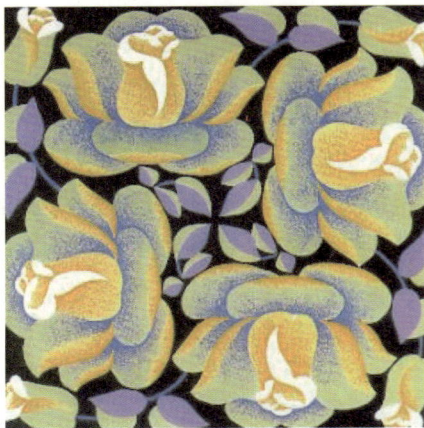

图4-4-5　点绘法

图4-4-6　推移法

　　将一套至几套颜色，按照一定的明度系列或色相系列渐变调配好，并把图案纹样分成等量或等比的阶段，将渐变的系列颜色顺序填入纹样，形成色阶变化。推移法画出的图案色彩十分和谐，富有韵律感。这种方法主要分为单色推移、色相推移、冷暖推移及纯度推移等。画面色彩具有鲜明的节奏感和韵律感，在视觉上给人以耳目一新的感觉。

（五）透叠法

　　透叠法是利用色彩构成中色彩相互交叠后能够产生新形、新色原理创作图案的方法，如图4-4-7所示。此法能起到增加画面层次与空间感的作用。

　　以色与色的逐层相加，产生另一种色相、明度、纯度等不同的色彩。这种效果一般表现为透明或需要加深的色，可以多次进行完成。相加色彩的次数，可以为3～4次，甚至更多，一般来说，以纸张的承受力、颜色的覆盖力和所要表现的效果为准。例如，表现纱的效果时，可以运用重叠法，由浅至深，逐层、逐次晕染，使其产生透明的效果。

图4-4-7　透叠法

（六）渲染法

　　渲染法是利用颜色能在较多的水分中自行混合的特点，将不同的颜色涂在已有水分的图形中，经过调和的处理，可得出色彩自然混合的效果。它是对画面大部分色彩形象做由

浓而淡、由浅及深的过渡处理方法，属于中国传统工笔画的表现技巧。其特点为画面层次感、虚实感和起伏感强，视觉效果丰富而细腻。

渲染法有薄画法和厚画法两种。

1. 薄画法

用水彩、稀释水粉等水分较足的颜料上色后，用清水毛笔染或与另一色衔接，也可依靠水色自然融合，如图4-4-8所示。薄画法画出的图案色彩绚丽奇妙、效果明快，适用于画背景或较大面积的纹样底色。

2. 厚画法

厚画法也称晕色法，主要使用水粉颜料，在颜色未干时，用湿毛笔将颜色慢慢染开或与其他色衔接，形成从一种颜色向另一种颜色的逐渐过渡，绘制的图案效果含蓄、变化微妙，颜色衔接较自然，如图4-4-9所示。

图4-4-8　薄画法

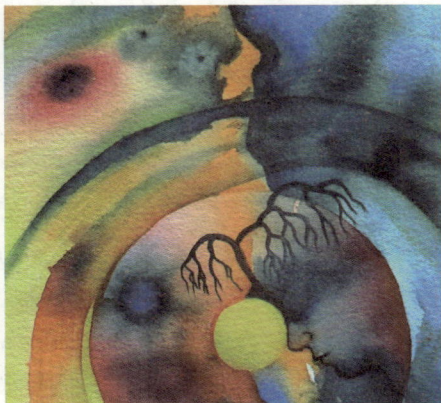

图4-4-9　厚画法

（七）其他特殊技法

1. 压印法

压印就是利用压力印制的方法。用他物（如树叶、报纸团、植物根茎的横切面等）蘸上颜料压印，增加画面的层次感和自然天成的效果，如图4-4-10所示。

图4-4-10　压印法

2. 滴洒法

滴洒法是以画笔或其他工具蘸颜料或水分进行滴洒绘制，通过水与色的渗化形成各种点、线、面或积层的方法。以色滴洒可称为渗化法；以水滴洒可称为冲浸法。滴洒法可利用水色流动成渍、连续点滴成形、重复点滴成积，甚至以水的多次反复滴洒造成极为丰富的变化，如图4-4-11所示。

3．喷刷法

喷刷法是利用喷刷的工具惯性运动制作的方法。借助牙刷、梳子等，蘸上颜料进行反复喷刷，使画面产生色彩层次感和朦胧晕染的效果，如图4-4-12所示。

图4-4-11　滴洒法

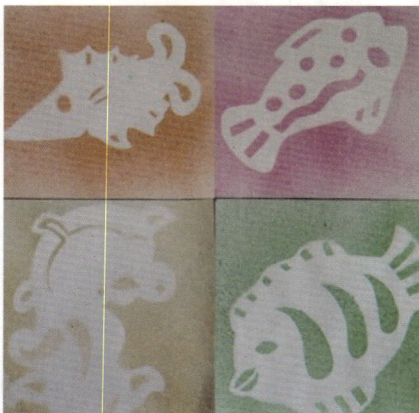

图4-4-12　喷刷法

4．吹制法

吹制法是用嘴或吸管吹制的方法，通过吹气带动颜料水流淌，控制其流动轨迹方向，颜色在纸面上形成各种形象，吹动力度的大小差异可以使画面产生意想不到的效果，如图4-4-13所示。

5．油水分离法

油水分离法是利用油性工具与水相互排斥的原理，用油画棒或蜡笔画出形象，再用水粉颜料蘸水涂色，利用油画棒或蜡笔的油脂性的排水特点，其所画之处会不渗入水性颜料的颜色，从而形成独特的艺术效果，如图4-4-14所示。

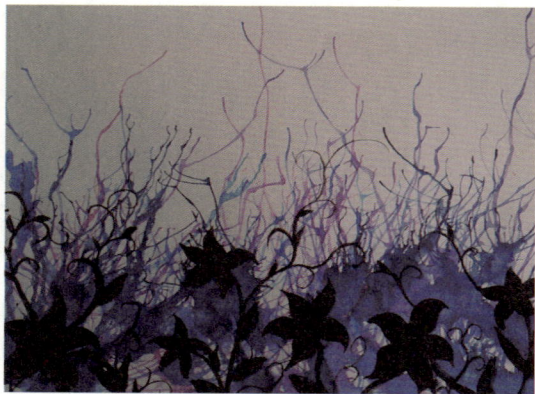

图4-4-13　吹制法

图4-4-14　油水分离法

拓展训练

1. 制作一张十二色相环。（圆的直径为20 cm）

2. 任选一色制作出明度、纯度的推移变化。（9格设计，规格为2 cm×3 cm/格）

3. 根据色彩调和知识进行调色练习，完成一幅表现色彩调和的作品。（边长20 cm×20 cm）

4. 在春夏秋冬、喜怒哀乐、酸甜苦辣中，任选一组做构成练习，一组四小张，每张15 cm×15 cm。

5. 以《自己的性格》为题，做一张色彩联想的练习。（尺寸：20 cm×20 cm）

6. 选择4种色调关系分别完成一幅色彩构成（尺寸：12 cm×12 cm）。要求能够准确反映其色调属性，构成疏密得当合理，配色干净明快。

7. 针对同一主题图案，运用不同的色彩表现技法完成两幅装饰色彩作品（单幅尺寸：20 cm×20 cm）。要求技法运用得当，画面效果丰富生动。

单元五 平面设计

学习导言

　　我国有着悠久的历史和深厚的文化沉淀，雕梁画栋、流光溢彩、巧笔精工的彩绘建筑，美轮美奂的民间工艺品，显示着中华民族的气魄和精神。数千年来，先人们把生活中的事物用比喻、双关、谐音、象征等手法，创造出了图形与吉祥寓意完美结合的图案，表达对幸福生活的渴望。今天，人们依然将图案应用于生活的方方面面，下面就一起来感受图案的魅力吧！

第一节　图案与生活

一、图案的概念

　　图案就是图形的设计方案，其实用性和装饰性并重。狭义的图案是指器物上的装饰纹样和色彩；广义的图案包括一切器物的造型和装饰，即设计者为了达到实用和美化的目的，根据材料、工艺、技术、经济等要素，通过艺术构思对器物的造型、色彩、装饰纹样等进行设计，从而制成的图样。

二、图案的特征

图案是一种装饰形式，它通过艺术手法把生活中美的需求，用装饰的构图、造型、色彩描绘，运用丰富的想象和浪漫的象征手法，以它特有的形式美法则进行再创造，使图案具有其独特的美感，如图5-1-1和图5-1-2所示。

图5-1-1　人物

图5-1-2　风景

图案有平面性、抽象性、秩序性三大特征。

（1）平面性。图案最大的特征就是纹样的平面化。它将生活中的事物运用艺术手法使之成为二维的平面图形。

（2）抽象性。图案比生活中的物象要概括、简练、抽象、单纯，它是对自然形状的总结、概括、再创造，使之规范化、条理化、简洁化。

（3）秩序性。图案纹样的组织结构变化、构图布局、色彩的搭配等都体现了图案的组织规律和形式美法则。

三、图案的类别

图案的种类很多，可以从以下3个角度来分类。

（1）按图案的构成空间可分为平面图案和立体图案，如图5-1-3和图5-1-4所示。

（2）按图案的组织形式可以分为单独纹样和连续纹样，如图5-1-5～图5-1-7所示。

（3）按图案的素材内容可以分为器物图案、花卉图案、动物图案、人物图案、风景图案、几何图案、组合图案等，如图5-1-8～图5-1-13所示。

图5-1-3　立体图案（桃源雕花床）

图5-1-4　平面图案（苗族刺绣图案）

图5-1-5　单独纹样

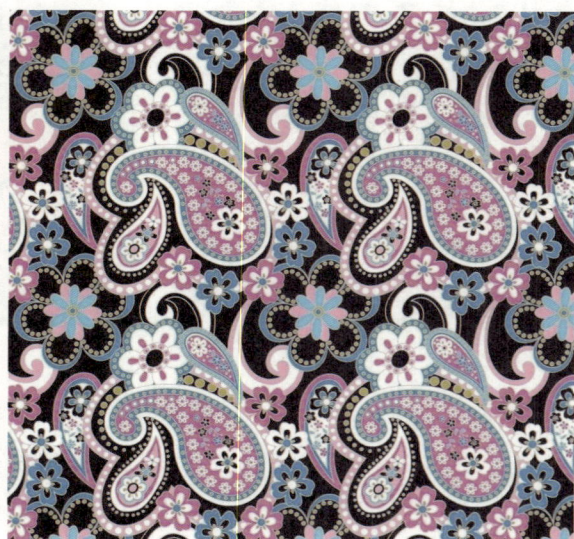

图5-1-6　四方连续纹样（花布）

图5-1-7　二方连续纹样（花边）

图5-1-8 器物图案

图5-1-9 花卉图案

图5-1-10 动物图案

图5-1-11 人物图案

图5-1-12 风景图案

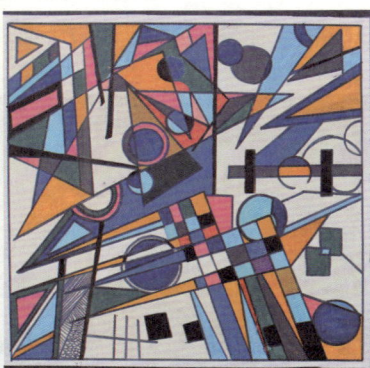

图5-1-13 几何图案

四、图案在生活中的应用

图案源于生活,用于生活,人们在衣、食、住、行、用各个方面,都离不开独具匠心设计的图案进行制作和装饰。图案所涉及的领域广,它不仅为人们的生活服务,而且美化人们的生活,陶冶人们的情操,给人以美的享受,同时也体现着自身的审美价值。在我国民间,流传着许多蕴涵吉祥意义、象征美好的图案,人们通过印染、织锦、剪纸、年画、陶艺、木雕、漆艺等形式,借用图案语言表达对幸福生活的向往,如图5-1-14~图5-1-19所示。

图5-1-14 地毯图案

图5-1-15 家具图案

图5-1-16 花瓶图案

图5-1-17　幼儿园墙绘图案

图5-1-18　畲族服饰图案

图5-1-19　苗族银饰

五、中外传统图案欣赏

（一）中国传统图案

中国传统图案历史悠久，早在六七千年前的新石器时代的彩陶就以造型优美、纹样绚丽而举世闻名。在人类历史的长河中，图案在各个历史时期蕴涵着劳动人民的智慧，记录着各个时代的文化特征，形成了中华民族独特的风格图案，如图5-1-20～图5-1-27所示。

图5-1-20　彩陶图案（人面鱼纹盆）

图5-1-21　青铜器图案（战国鸟兽纹铜壶）

图5-1-22　漆画图案（双层九子漆奁•马王堆）

图5-1-23　瓷器图案　　图5-1-24　剪花娘子（库淑兰）　　　图5-1-25　皮影
（清康熙"刀马人"特大将军罐）

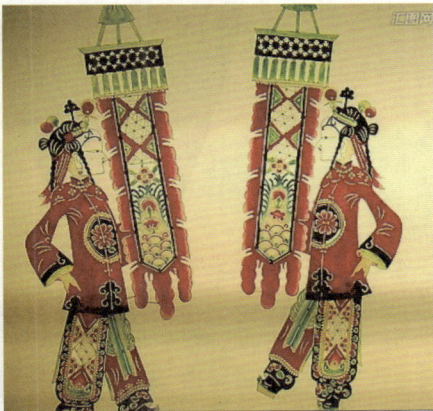

图5-1-26　建筑图案（常德诗墙）

图5-1-27　扎染图案

（二）外国图案

图案与其他的艺术创作一样，不仅体现作者的个性风格，同时也体现出不同的民族性和时代性。例如，古埃及壁画图案线条流畅、色彩丰富，多采用人物侧面，古希腊多在器皿上绘制神话传说，波斯的地毯注重画面的构成和形式感等，各民族的图案以其独特的风格向世人展示出各民族独特的魅力，如图5-1-28～图5-1-33所示。

图5-1-28　古埃及浮雕（纳米尔石板）

图5-1-29　花窗（巴黎圣母院·圣徒小教堂）

图5-1-30　罗马广场

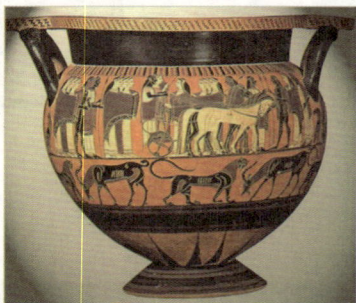

图5-1-31　古希腊瓶

图5-1-32　波斯地毯

图5-1-33　印度图案

第二节　图案形式美的原理与法则

　　艺术作品给人以美的享受主要源于作品的形式美感，图案以大众的生理、心理需求为前提，追求形与色有序组合的装饰美，体现出图案自身的特点和规律。

一、变化与统一

　　变化与统一既相互对立又相互依存。统一表现在图案内容的一致性、相似性，如造形、色彩、构成方式和表现手法的相同和相近；变化是指图案的各个组成部分间的差异，变化是图案创作的基本方法，没有变化就没有生命力。

　　一幅图案总是具备变化与统一两方面的因素，为了使图案生动活泼，可以强调变化，在变化中求统一；为了使图案表现出严肃庄重的主题，可以强调统一，加强其静感，要做到整体统一，局部变化，即"变中求整""平中求奇"，如图5-2-1和图5-2-2所示。

图5-2-1　变化与统一1

图5-2-2　变化与统一2

二、对称与均衡

　　对称与均衡在图案构成中应用比较广泛。对称是同形、同量的组合，具有统一、严肃、静态的特点，呈现秩序感和规律性，能够表现庄重、平稳、宁静、平和的视觉效果，自然界中人的五官、动物的四肢、植物对生的树叶等多为对称形态。在图案设计中如果对称使用不恰当，则会使画显得刻板、机械、单调。

　　均衡是遵循力学原理，以同量不同形的组合创造出平衡、安定、优美的形态。均衡的格式相对较为自由、多变化、无对称轴，靠正确处理视觉重心的平稳取得平衡感，因此要考虑图案各组成部分之间的呼应关系。相对于对称而言，均衡显得活泼、生动，如图5-2-3和图5-2-4所示。

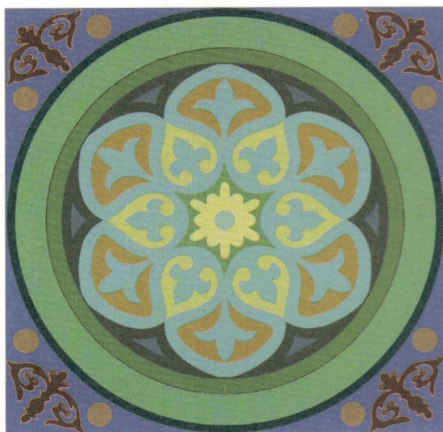

图5-2-3　对称与均衡1

图5-2-4　对称与均衡2

三、节奏与韵律

节奏是借用音乐的术语，图案的节奏是视线在时间上所做的有秩序的运动。节奏由一个或一组纹样作为单位，进行反复、连续、有条理的排列所形成的，表现为等距离或渐变，如渐大渐小、渐长渐短、渐曲渐直、渐高渐低、渐明渐暗等。

韵律是借用诗词的术语，图案的韵律是指在图案中所表现的像诗歌一样的抑扬顿挫的优美情调，形态组合方式表现为反复、层次、渐变，纹样以递减或递增的序列进行自由配置，形成不同韵味的形象。

节奏与韵律无本质的区别，二者综合了动与静的两大特点，使人们的视觉随纹样的起伏变化产生生理与心理上的感应与共鸣，如图5-2-5和图5-2-6所示。

图5-2-5　节奏与韵律1

图5-2-6　节奏与韵律2

四、条理与反复

条理与反复是图案组织的主要原则，条理与反复是指纹样有规律的重复出现，而产生

秩序与层次美感。图案的条理性体现在结构形式与布局的安排上，依照美的原理将杂乱无章的东西加以整理、概括、归纳，使之条理化，从而显得层次分明、有条不紊。

反复是将一个独立纹样单元有规律的重复出现，从而产生多种多样的节奏，具有秩序美。例如，原始社会的彩陶文化、商周时期的青铜器纹样、汉代的画像石图案都体现了条理与反复这一形式美规律，如图5-2-7和图5-2-8所示。

图5-2-7　条理与反复1

图5-2-8　条理与反复2

五、对比与协调

对比是指图案纹样中的线、形、色、组织排列、描法、量、质感等要素的差别，并由此形成对比强烈的变化，使画面醒目、突出、效果生动。

协调即适合，指构成画面各要素间的关系协调统一、和谐融洽。和谐是指"同一"与"类似"，就是变化的统一，在图案设计中要达到协调，图案中的各构成要素间必须有共同因素存在，当彼此间的差异缩小或将某些共同点的因素配置在一起时，画面才得以协调完美。

图案设计要处理好对比与协调的辩证关系，如图5-2-9和图5-2-10所示。

图5-2-9　对比与协调1

图5-2-10　对比与协调2

第三节 图案造型的途径与方法

图案艺术是在自然物象的基础上，遵循图案造型规律创造出的一种艺术形象。图案造型的途径和方法有很多种，在设计图案时往往不是单纯使用某一种方法，而是综合运用几种方法来完成。常用的图案造型的途径与方法有以下5种。

一、简化法

简化即删繁就简，省略掉琐碎的细节部分和次要部分，概括它的主要部分。但简化不是简单地做减法，而是对形象进行理性的简化、科学的提炼使之更加典型、简洁，是艺术的再创造，如剪影，如图5-3-1和图5-3-2所示。

图5-3-1 简化法（剪影）

图5-3-2 简化法

二、夸张法

夸张不是对物象简单地放大，而是一种重要的艺术创作手法，是在原有物体的基础上，对其外形、神态等典型特点进行适当的夸大和强调，使圆的更圆、方的更方、胖的更胖、瘦的更瘦，使对象更具有典型性、代表性、装饰性和趣味性，如图5-3-3和图5-3-4所示。

图5-3-3 夸张法1

图5-3-4 夸张法2

三、规整法

规整法是指把自然状态的物象根据工艺、设计要求，处理成几何形，如三角形、圆形、方形等，使之更加整齐、秩序，更有条理。规整法是条理的体现，如图5-3-5和图5-3-6所示。

图5-3-5 规整法1

图5-3-6 规整法2

四、添加法

添加法是将已经提炼、概括处理后的形象上添加装饰性纹样，增加装饰感。添加不是简单地做加法，而是在原有纹样的基础上根据设计需要添加一些装饰纹样，使图案更加理想、丰富，用添加法设计图案切忌画蛇添足。

添加的方法除了纯装饰纹样的添加外，还可以结合纹样深化意义。如图5-3-7和图5-3-8所示的中国传统图案。

图5-3-7　添加法1

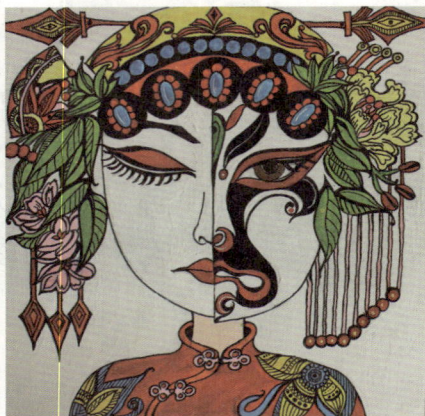

图5-3-8　添加法2

五、适合法

适合法是指因为某种工艺条件的限制或因某种需要将自然形适合在某一种特定的轮廓内，如方形、圆形、三角形、菱形、椭圆形等几何形，花叶果实的自然形，生活用品、服饰、首饰造形等。设计的纹样要正好与某一几何形或器物外形轮廓相吻合，如图5-3-9和图5-3-10所示的花瓶上的装饰纹样。

图5-3-9　适合法1

图5-3-10　适合法2

第四节　POP海报的设计与制作

一、POP的概念

POP是英文Piont of purchase的简称。Piont是点的意思，Purchase是购买的意思，POP就是在购买地点出现的广告，又称"焦点广告""沸点广告"，如图5-4-1所示。

POP是指商业销售中的一种店头促销工具，摆放在店头的展示物，以吊牌、海报、小贴纸、纸货架、展示架、纸堆头、大招牌、实物模型、旗帜等形式出现，其表现形式夸张幽默、色彩强烈，用于刺激消费、活跃气氛，使顾客产生购买的欲望，因其低价、高效而被广泛应用。

二、POP海报的特点

POP以其独特的字体、亲切的手绘形式、活泼的表现手法、快捷准确地传播方式吸引着顾客的目光，如图5-4-2所示。POP海报具有以下特点。

（1）目的性：海报针对性强，必须以销售为目的挑选重点内容针对客户群体需求图文并茂的表现。

（2）装饰性：海报造型简单、色彩明快，二者要有统一协调的视觉效果。

（3）经济性：POP海报相对而言制作成本低廉，收益高而快。

（4）时效性：POP海报可手动绘制，大大缩短时间，具有较强的时效性。

图5-4-1　POP海报1

图5-4-2　POP海报2

三、POP海报的工具材料

绘制一张精美的POP海报，可以利用以下的工具来混合搭配，但不限定一定要利用某一种特定的工具，POP手绘所需要的工具材料包括纸、笔、颜料三大类。

（一）纸

不同质地的纸张绘制POP海报，产生的视觉效果差异较大，细腻光洁的铜版纸或白卡纸，易于表现绘制工具麦克笔的透明感、立体感。根据内容要求，恰当地选择彩色纸，会使POP海报达到事半功倍的效果。常见的纸材有牛皮纸、色卡纸、海报纸、瓦楞纸等，如图5-4-3～图5-4-7所示。

图5-4-3 铜版纸　　图5-4-4 色卡纸　　图5-4-5 白卡纸　　图5-4-6 牛皮纸　　图5-4-7 瓦楞纸

（二）笔

常用的笔有自动铅笔、彩色铅笔、麦克笔、记号笔、中性笔、毛笔、水粉平头笔等，如图5-4-8～图5-4-11所示。现在介绍两种常用笔的使用方法。

图5-4-8 马克笔　　图5-4-9 水粉平头笔　　图5-4-10 彩色铅笔　　图5-4-11 记号笔

1. 彩色铅笔

彩色铅笔单独使用时可以得到精致的画面效果，在POP海报中常与其他工具材料配合使用，以表现不同的效果。彩色铅笔也有水性和油性之分，水性彩铅可用水作溶剂，油性彩铅可用松节油来稀释。

2. 马克笔

马克笔分角头及圆头两种笔头，使用方便，难度不大，运笔时笔倾斜45°，按一定的节奏描绘，就可以画出非常漂亮的线条，并轻松愉快地写出漂亮的POP字体。马克笔有水性和油性之分，其大小、粗细、颜色有很多，可适应各种不同质地的画纸。

（三）其他

在设计绘制POP海报时，除了纸笔外，还用到橡皮、尺子、剪刀、胶带、颜料等。常用的涂色颜料有广告颜料、水彩颜料，这两种颜料都用水作溶剂，使用前加水稀释、调匀，使笔能顺畅自如地书写，一般用于涂写POP海报的大色块、标题、插图，有厚重的视觉效果。

四、设计与制作的方法

（一）海报构成

POP海报设计由版式设计、字体设计、插图设计三部分构成，如图5-4-12所示。

（1）版面设计：原则上不顶天不立地，否则容易产生压迫感；另外构成POP的各构成要素间不要混排，否则容易产生混乱的效果。

（2）字体设计：POP海报中的标题字体要醒目、少而精，力求言简意赅，可采用装饰结构字体，说明文字字体的大小、装饰均不能超过标题。

（3）插图设计：插图是为了活跃画面气氛、解释和说明海报内容、调节版面中心和色彩而存在的，插图要与主题密切相关。

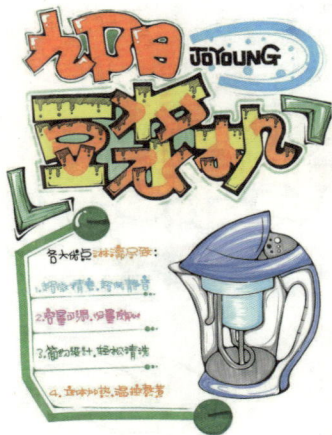

图5-4-12　POP海报设计

（二）海报绘制的步骤与方法

（1）立意构思：根据海报宣传内容、对象确定画面大致的构成形式和艺术风格。内容包括标题、说明文字、插图等。按海报张贴的需要来安排大小，并对各构成单元进行版面设计，同时对画面颜色的使用、绘制工具的选择等做基本的计划。

（2）构图起稿：根据海报设计的构思先确实海报的版式，用铅笔在画纸上轻轻勾画出各单元大体的位置和轮廓，整个版面四周留白，便于后期绘制边框装饰，如图5-4-13所示。

（3）深入刻画：选择适合的绘制工具进行深入的刻画描绘，一般先从大标题入手，设计好标题文字，然后设计描绘主插图，控制画面大的效果，插图与文字要密切相关，再绘写内容说明文字，丰富海报内容，如图5-4-14～图5-4-17所示。

（4）调整完成：在深入刻画的基础上，对画面进行最后的整理修饰，并添加有助于画面完整性的元素，以获得POP的最佳画面效果，如图5-4-18所示。

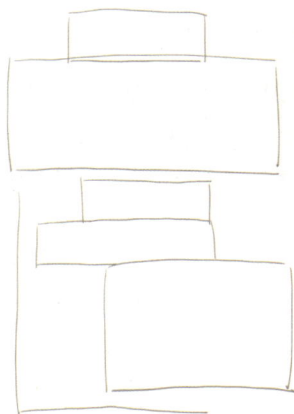

图5-4-13　构图起稿　　　　　　图5-4-14　标题字体　　　　　　图5-4-15　装饰字体

图5-4-16　绘制插图　　　　　　图5-4-17　插图上色　　　　　　图5—4-18　调整完成

五、POP字体范例

POP最忌讳没有设计的文字出现，无论数字、文案都需要进行设计，既要有字形变化，又要有版面安排。POP字体设计包括中文、数字、英文三大类。

（一）中文

中文包括正体字、变体字和装饰字体3种，如图5-4-19所示。

1. 正体字

正体字俗称方块字，字体横平竖直、笔画规范、比例均匀，是POP字体中最容易书写的一种，给人以工整、正统的感觉。

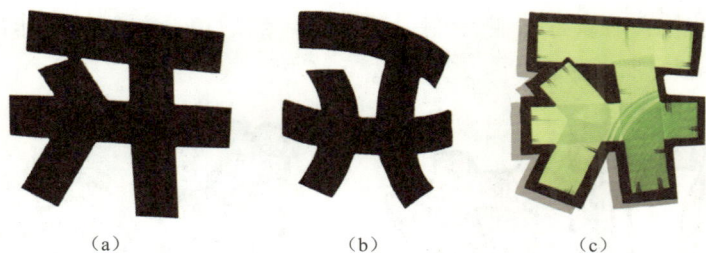

图5-4-19　中文3种字体
（a）正体字；（b）变体字；（c）装饰字体

2．变体字

变体字是在正体字的基础上变化而来的，为表现主题需要，通过笔画、字形、结构、形象的变化，使字体具有趣味性，变体字横不平竖不直，上大下小，有变形和装饰的作用。

3．装饰字体

为了使文字更醒目，常对文字形态、笔画、结构、形式与表达内容运用夸张、变形、装饰等艺术手法进行再创造，起到衬托主题的作用，字体表现出新颖、独特、美观的特点。常见的字体装饰有轮廓装饰、分割装饰、立体装饰、背景装饰、纹理装饰、中线装饰、雪花装饰、插图装饰等。

（1）轮廓装饰：书写好基本文字后，用深色的马克笔沿着文字的边缘描绘轮廓，使字体更加醒目，如图5-4-20和图5-4-21所示。

图5-4-20　轮廓装饰1

图5-4-21　轮廓装饰2

（2）分割装饰：书写好基本文字，描绘出轮廓线，再用不同颜色的马克笔在文字上大面积涂色，一般涂色面积为文字的一半，如图5-4-22和图5-4-23所示。

图5-4-22　分割装饰1

图5-4-23　分割装饰2

131

（3）立体装饰：在文字外侧绘制一层厚度，然后填充颜色，制作出立体效果，如图5-4-24和图5-4-25所示。

图5-4-24　立体装饰1　　　　　　　　图5-4-25　立体装饰2

（4）背景装饰：书写好文字后，在周围绘制一些背景装饰，使画面更饱满。但背景是为了衬托主题而存在的，切记喧宾夺主，如图5-4-26和图5-4-27所示。

图5-4-26　背景装饰1　　　　　　　　图5-4-27　背景装饰2

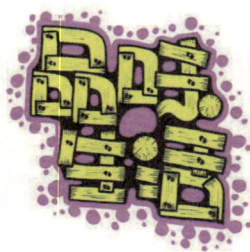

（5）纹理装饰：利用马克笔绘制出肌理效果，增加文字的艺术性和观赏性，如图5-4-28和图5-4-29所示。

图5-4-28　纹理装饰——木纹　　　　　图5-4-29　纹理装饰——火柴棍

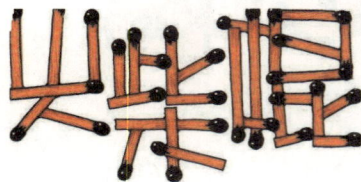

（6）中线装饰：用浅色笔书写好字体后，在字体各笔画中间描绘线条，如图5-4-30和图5-4-31所示。

图5-4-30　中线装饰1　　　　　　　　图5-4-31　中线装饰2

（7）雪花装饰：书写好的文字后，用修正液在标题文字上直接画出类似雪花的效果，如图5-4-32和图5-4-33所示。

图5-4-32 雪花装饰1

图5-4-33 雪花装饰2

（8）插图装饰：根据文字字面含义在周围或内部添加一些能衬托标题的插图，使主题突出，增加手绘POP的魅力，如图5-4-34和图5-4-35所示。

图5-4-34 图案装饰1

图5-4-35 图案装饰2

（二）数字

数字在POP海报中通常用来表示商品的价格、时间、电话等重要信息，因此书写POP数字要做到容易辨认，书写时要注意圆角笔画的转折，笔画衔接处要光滑、圆润，同时也要注意数字的整体结构，如图5-4-36～图5-4-44所示。

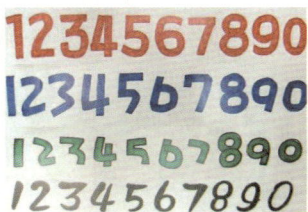

图5-4-36 POP数字设计1

图5-4-37 POP数字设计2

图5-4-38 POP数字设计3

图5-4-39　POP数字设计4

图5-4-40　POP数字设计5

图5-4-41　POP数字设计6

图5-4-42　数字应用1

图5-4-43　数字应用2

图5-4-44　数字应用3

（三）英文

POP英文字体与中文一样，不仅要有装饰性、趣味性，还要便于阅读，因此书写时字母不能太大，同时要注意字母的间距处理，如图5-4-45～图5-4-50所示。

图5-4-45　英文字体1

图5-4-46　英文字体2

图5-4-47　英文字体3

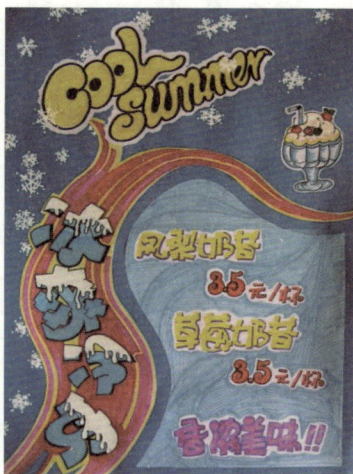

图5-4-48 英文字体应用1

图5-4-49 英文字体应用2

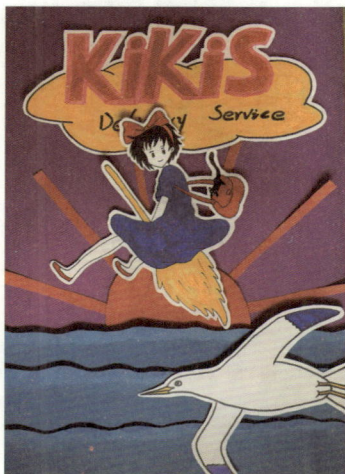

图5-4-50 英文字体应用3

六、POP作品欣赏

POP广告设计是综合性的设计，在设计的过程中将POP的各个要素完美地组合到一起，从而达到形式与内容的统一。随着商品的多样化和服务的同质化，市场竞争日益激烈，POP广告将成为一种必然和趋势，如图5-4-51～图5-4-59所示。

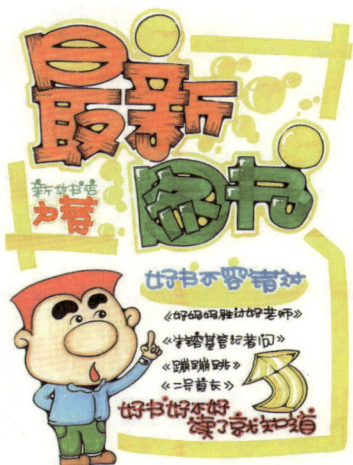

图5-4-51 图书促销1

图5-4-52 图书促销2

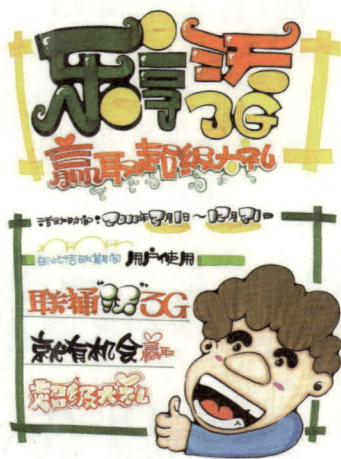

图5-4-53 联通促销

图5-4-54 开业活动

图5-4-55 影讯

图5-4-56 端午节活动

图5-4-57 零食促销

图5-4-58 散装酒广告

图5-4-59 服装店海报

七、学生习作欣赏

欣赏下列学生习作，如图5-4-60～图5-4-71所示。

作品欣赏

图5-4-60
字体设计1

图5-4-61
字体设计2

作品欣赏

图5-4-62 姓名设计1

图5-4-63 姓名设计2

图5-4-64 海报1

图5-4-65 海报2

图5-4-66 海报3

图5-4-67 海报4

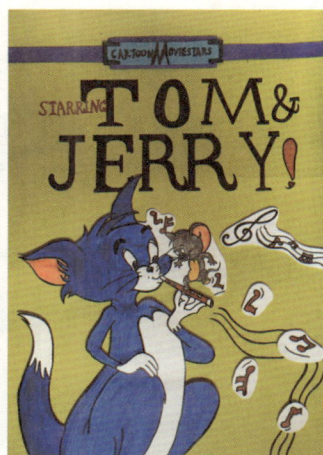

图5-4-68 海报5

图5-4-69　海报6

图5-4-70　海报7

图5-4-71　海报8

课后实践

1. 考察当地的民间工艺品种类、材料、造型、装饰纹样等，并能根据民间美术元素设计图案。
2. 尝试以节日主题为幼儿园设计一则POP广告。

单元六 版　画

学习导言

　　中国古代的"四大发明"中有两样发明对文化的传承具有深远的影响，这就是造纸术和印刷术。造纸术改变了书写的载体，而印刷术极大地提升了文字的传播速度。雕版印刷术是中国古人的重要发明，是在版料上雕刻图文并进行印刷的技术。下面来学习从雕版印刷术独立出来的一种艺术创作形式——版画。

第一节　版画的概念及分类

一、版画的概念

　　版画是美术的重要门类之一，它是将刀具或化学药品等在版上刻出或腐蚀出画面完成底版，然后在纸上印制出图画的完整的创作过程。通过版画的学习，使我们对美术有了更进一步的认识。当代的版画概念主要指由艺术家构思设计创作，并通过制版和印刷程序而制作的艺术作品，如图6-1-1所示。

图6-1-1　雕版印刷

中国古代版画经历了长远的发展，从大型版画"画像石"与"画像砖"到"肖像印"，再到后来的"木刻印符"是中国版画发展过程中不同材质、不同类型的艺术呈现。古代版画在对雕版佛像印制、宋元书籍插图印制及画谱的印制上都做出了很大贡献。到明清时期，在戏曲小说的插图、佛道画像方面的使用，对传播新鲜事物、传教布道等都具有非常大的促进作用。中国的版画主要是指木刻版画，独特的刀味与木味使它在中国美术史上具有鲜明的艺术价值和历史地位。

二、版画的分类

版画的种类和形式有很多，下面详细介绍一下。

按使用材料可分为木版画、石版画、铜版画、锌版画、瓷版画、丝网版画、纸版画、石膏版画、综合材料版画等。

按颜色可分为黑白版画、单色版画、套色版画等。

按制作方法可分为凹版、凸版、平版、孔版和综合版、电脑版等。

按制作技法分：凸版版画可分为木面木刻、木口木刻、水印木刻、油印木刻；凹版版画可分为凹雕版、腐蚀版、美柔汀版。

按表现的内容和题材可分为人物版画、风景版画、静物版画、历史版画、儿童版画等。

三、儿童版画

儿童版画是版画形式结合少儿特色的新发展，是少儿美术教育非常重要的组成部分，也是儿童绘画和儿童手工制作相结合的产物。既可以培养儿童的审美情趣和绘画能力，又能训练儿童的动手能力及创新能力，同时在绘画的实践过程中也培养了儿童的实践操作能力，如图6-1-2所示。

图6-1-2　儿童版画

儿童版画属于民间艺术形式的一种，学习儿童版画可以让学生了解民族文化，感受民间艺术，培养他们的审美能力和人文素养。儿童版画的教学实践过程也充分体现了美术教学内容的灵活、多样性。例如，在东海地区的儿童版画基地，可以看到儿童版画对学生在动脑、动手、动眼的能力方面起到促进作用，使他们健康、快乐地成长在一个愉悦、轻松的环境中。

儿童对版画有着天然的亲近感，当幼儿还不懂什么是版画的时候，就已经开始用游戏的方式进行拓印了，通过弄湿小手或小脚丫在地面、墙上拍打得出许多的印记这样一种形

式进行"儿童版画"创作。因此有专家指出"版画概括洗练、单纯明快的特点最能体现儿童的诚实、坦率和天真的特点"。儿童绘画充满童趣、天性和冲动，有很多随意，因此，儿童对版画有着天然的亲切感，如图6-1-3和图6-1-4所示。

图6-1-3　儿童绘画

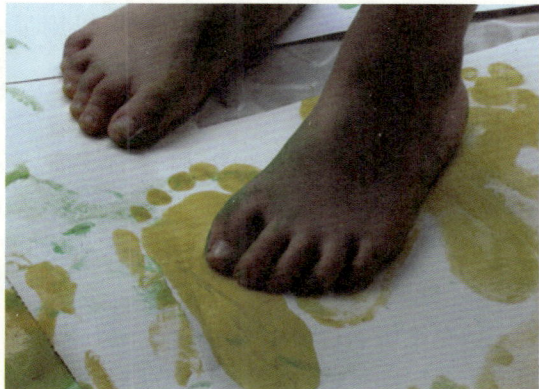

图6-1-4　拓印

儿童版画教育在世界各地都得到各国儿童美术教育家的重视，很多国家根据本国的实际，在中小学及幼儿园开设版画课。例如，美国、加拿大、法国、德国、英国等国家的儿童版画教育都很有自己国家的特色。中国的邻国日本，也早已把儿童版画列入小学必修科目，非常重视儿童版画教育。不仅如此，儿童版画教育也是素质教育的重要手段之一，在内容和形式上丰富多样。因为版画不仅绘，而且刻、印，集绘画、设计、雕刻、印刷于一体，整个制作过程，能使孩子的心、眼、手得到全面训练。

第二节　纸版画

纸版画的制作过程富有游戏趣味，易于培养儿童勤动脑、巧动手的良好习惯，并养成一定的意志力和工作的条理性，手脑并用、开拓思维，对培养儿童创造能力非常有帮助。

一、卡纸纸版画的特点

卡纸纸版画是用较厚的卡纸剪或刻出形象的平面轮廓，贴于另一基纸形成凸版，着墨或着色后进行拓印的一种印刷形式。因为卡纸高低层次的不同，凸出部分着墨色多，颜色深，拓印出形象块面清晰，而形象附近的轮廓边缘因卡纸的叠加，无法与画面完全接触，呈白色，从而基纸上着墨少，形成中间色。因此这样印制出来的作品造型简练、形象生

动、黑白分明。

卡纸纸版画的制作方法有剪贴法、刀刻法、镂空法，还可以用手撕或揉折。其制作手法多种多样，表现力也非常强，既可以进行单色印制，也可以进行多种颜色的套色印刷，同样的套色印刷颜料也可以用很多种，如可以用油性染料、水性染料和粉性染料等。

二、卡纸纸版画制作形式

卡纸纸版画在制作方法上有很多种形式，下面介绍几种重要的形式。

1. 剪贴纸版画

剪贴纸版画就是用稍厚的纸张剪或刻出形象的平面轮廓，贴于另一基纸形成凸版，上墨或上色后即可拓印。凸出部分墨色深，可印出形象块面，轮廓边缘呈白色，基纸上着墨少，形成中间色。

2. 刻纸凹印版画

刻纸凹印版画用坚实的厚纸，刷一层薄的硬涂料，以刀、针刻画形象的线条，形成凹版，用棉花将油墨涂满凹线，擦去平面上不要的油墨，置于铜版机压印，制作原理与铜版画相近。

3. 刻纸凸印版画

刻纸凸印版画即以较厚的纸版代替木版进行刻印，刻与印基本与木刻版画相似，只因在纸版上不能刻得太深，拓印出来的画面另有其特殊的艺术效果。

三、制作工具材料

在制作卡纸纸版画的时候需要使用以下的工具、材料，如图6-2-1和图6-2-2所示。

图6-2-1　工具、材料1

图6-2-2　工具、材料2

（1）常见的工具有各种笔（作制版用）、油滚儿、木蘑菇、平底儿盘子、小铲刀（作印刷用）等。

（2）常用的材料有卡纸、白版纸、吹塑纸、蜡光纸、宣纸、过滤纸、牛皮纸、毛线、麻、乳胶、油墨、颜料（水粉、水彩、国画颜料）等。

四、卡纸版画的制作步骤

卡纸版画的制作方法不同，其制作步骤也各不相同。剪贴法具有取材方便、制作简单、效果独特的特点，是一种成本最低廉、最容易掌握的版画种类。下面就以剪贴法为例，制作一幅卡纸版画。

（1）取两张卡纸，一张作底版，另一张将所要制作的形象描绘上去，如图6-2-3所示。

（2）将描绘的对象进行分解、剪刻，如图6-2-4和图6-2-5所示。

（3）将剪好的各个部件进行组合，在作为底版的卡纸上进行组合粘贴，粘贴时注意形象的前后顺序。用胶水粘合后放置1～2个小时，等胶水彻底风干，如图6-2-6所示。

（4）用墨滚或笔对制作好的版进行着色，制作单色版画用墨滚进行着色，制作套色版画用笔进行着色。局部着色，局部印刷，切忌一次上完色再印，如图6-2-7所示。

（5）打开画纸，作品完成，如图6-2-8所示。

图6-2-3　卡纸版画材料

图6-2-4　分解、剪刻1

图6-2-5　分解、剪刻2

图6-2-6　粘贴完成

图6-2-7 进行上色　　　　　　　　　　图6-2-8 作品完成

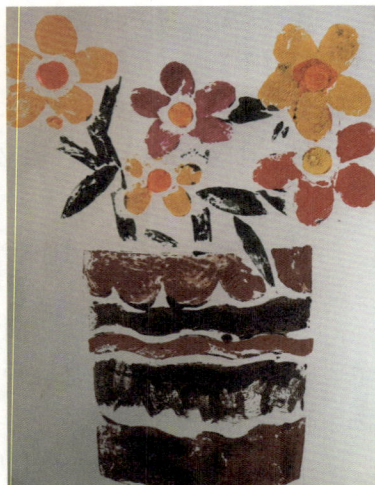

　　除了剪贴纸版画这种方法外，刻纸凹印版画和刻纸凸印版画也具有独特的艺术魅力，制作版画的过程中可以单独使用一种方法进行制版，也可以用两种以上的方法进行制版，因此称为综合制版法。综合制版法的主要特点是可以有效地汲取各个制版方法的优点，以达到最好的艺术效果，能使印刷效果更丰富、表现力更强。

五、学生习作欣赏

欣赏下列学生习作，如图6-2-9～图6-2-12所示。

作品欣赏

图6-2-9 学生习作1　　　　　　　　　图6-2-10 学生习作2

作品欣赏

图6-2-12 学生习作4

图6-2-11 学生习作3

第三节 吹塑纸版画

一、吹塑纸版画的概念

吹塑纸版画就是用吹塑纸这种材料，通过各种硬器在上面稍用力划压产生所需要的痕迹，再用毛笔涂抹各种广告色或水粉颜色，覆纸，用手工印刷而成的彩色版画作品，简称吹塑纸版画，如图6-3-1和图6-3-2所示。用水粉色进行印制的版画作品，简称粉印吹塑纸版画。

图6-3-1 吹塑纸版画1

图6-3-2 吹塑纸版画2

二、吹塑纸版画的特点

吹塑纸版画取材容易，使用便利，价格便宜，制作简便，危险性小，制作周期短，见效快，因此适合于年龄较小的儿童学习。吹塑纸版画的表现形式，产生丰富独特的画面效果，对儿童具有极大的吸引力，对锻炼儿童的手脑协作能力、智力开发、创造能力都有非常大的促进作用。

关于艺术的起源也有"游戏说"的说法。吹塑纸版画的制作过程更像是游戏，很多儿童认为好玩。因此，儿童制作版画时会在轻松、愉快的情绪支配下进行，对提高审美能力、培养绘画兴趣具有很好的效果。

三、制作吹塑纸版画的工具材料

（1）吹塑纸是制作版画基底的材料；我们常用作基底的吹塑纸平整、不易揉皱、坚固耐用、反复印制不易损坏，在文具店、美术用品店等均有出售，如图6-3-3所示。

（2）各种笔（制版用）油滚儿、木蘑菇、平底儿盘子、刮刀等（印刷用）。

（3）绘画纸或白板纸、黑卡纸、吹塑纸、宣纸。

（4）油墨、颜料（水粉、水彩、国画颜料）、粉颜料、调色盘、水粉笔、油画笔、水杯等。

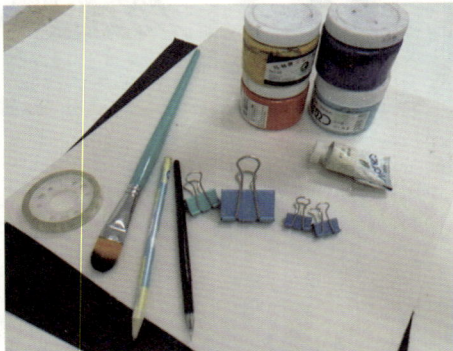

图6-3-3　吹塑纸

四、吹塑纸版画的制作步骤

吹塑纸版画的制作步骤如下。

（1）起稿：用8开左右的纸张，根据现有题材进行构图，如图6-3-4所示。

（2）制版：将画好的底稿转印到吹塑纸上。并用铅笔进行压制，如图6-3-5所示。

（3）裁剪、固定：将准备好的纸张裁剪成与版同等大小，平行放于吹塑纸上并用胶带固定或夹子夹紧，如图6-3-6所示。

拓印用的纸，可根据题材的需要或印刷效果的需要进行选择，可以是白色的纸，也可以是黑色卡纸或其他颜色的纸。

图6-3-4　起稿

（4）拓印：在描摹时用笔稍稍用力，使线条略粗略深，便于拓印，如图6-3-7所示。

（5）底版完成：如果揭下底稿后线条不清晰，凹槽较浅，可用笔再次进行勾描图案，如图6-3-8所示。直到图案非常完整清晰地在版上呈现出来，底版就完成了，如图6-3-9所示。

图6-3-5　制版

图6-3-6　裁剪、固定

图6-3-7　拓印

图6-3-8　勾描图案

图6-3-9　底版完成

根据印制前的色彩小稿进行印制，或者将画面分成若干个局部进行印制，这样效果较好，不能将所有颜色都铺完再印，这样颜色容易干，印刷效果较差。

温馨提示：

（1）新买来的吹塑纸版上有一层油性物质，而粉印纸版画用的是水性颜料，在吹塑纸版上涂色会因油水分离而产生水珠现象。因此，为了达到最佳印刷效果，有必要在制版前对吹塑纸版表面先进行一番处理，可用湿抹布或用毛巾蘸洗衣粉擦拭整个吹塑纸版的表面。当用以上任何一种方法处理之后再制版，颜色也就很容易地附在版面上了。

（2）在铅笔勾画出粗轮廓线的吹塑纸上用大排刷刷上单种颜色，可做出单色版画；刷上油墨，用生宣纸压印，再用国画颜料加以恰当染色，则作品又带点水墨味道，别具特色。这种方法印制的版画古朴、自然，具有浓厚的土石味和年代久远的壁画、岩石效果。

五、学生习作欣赏

欣赏下列学生习作，如图6-3-10～图6-3-13所示。

作品欣赏

图6-3-10　学生习作1　　　　图6-3-11　学生习作2

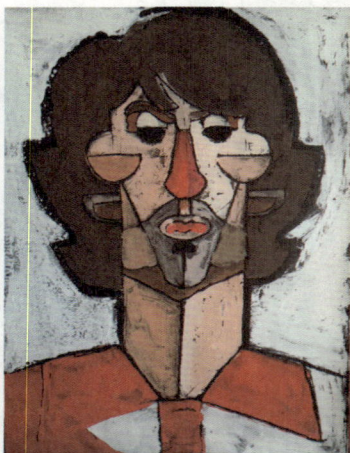

作品欣赏

图6-3-12　学生习作3

图6-3-13　学生习作4

第四节　综合材料版画

一、综合材料版画的特点

综合材料版画是将各种材料进行组织和混合衔接后进行制版，并着色印制出作品的一种版画形式。综合材料中的"材料"是作为一种绘画元素而存在的，并将这种绘画元素转变成一种独立的艺术语言。

综合材料版画可以从不同的角度进行区分，材料增加了版画的表达语境，形成了综合材料版画独有的艺术魅力和鲜明特色。制版所使用的材料作为构成绘画的物质形式，也会让人们的视觉感受和审美经验产生关联。不同的材料均产生独特的视觉效果和心理感受。例如，金属有锋利、铿锵有力之感；木板有古朴沧桑之感；石头有沉重坚硬之感；丝网有韧性和透明之感。充分利用好这些材料的肌理效果和赋予人的感受，既能更好地表现作品，又能突破更多的创作瓶颈。

二、自然材料制版版画

自然材料制版版画是利用自然界的原始材料进行制版、着色、印制版画的一种版画制作形式。在制作此类版画过程中，可以利用的自然界原始材料有很多，如草、树叶、果实、树皮等，具有易于取材、材料丰富等特点，是初学版画者进行多种材料尝试过程中非常可取的一种绘画形式。

将树叶摆放并固定在一张纸上，做出相应的造型。然后在树叶上用油墨磙子滚上油墨或用水粉进行染色，再用素描纸进行覆盖印制，用手掌或木蘑菇用力均匀按压素描纸以印制出相应作品的形式称为树叶制版版画。

幼儿对周围的一切都充满了丰富的想象，自然界的一棵小草、一片树叶，都能引起极大的好奇。利用自然材料进行版画制作也是幼儿非常喜欢的一种手工形式。在树叶版画的制作过程中，我们可以把树叶拼成的图案粘贴在报纸、素描纸、卡纸或吹塑纸底版上，然后滚上自己喜欢的一种颜色，进行拓印；可以在底版上先滚一种颜色的油墨，然后把树叶拼成的图案分别滚上自己喜欢的其他颜色，再进行拓印；也可以用同一个底版，滚上不同颜色，反复拓印，印制出不同的作品；还可以将图案拓印在T恤上作为衣服的装饰。

（一）工具材料

树叶制版版画主要的工具材料有卡纸、素描纸、水粉颜色、水粉笔、调色盘、树叶、剪刀、双面胶等，如图6-4-1所示。

图6-4-1　树叶制版版画工具材料

（二）制作步骤

（1）准备工具材料，进行构图，如图6-4-2所示。

（2）将树叶根据构思好的方案进行摆放，用双面胶粘牢。

（3）对树叶进行着色，并用素描纸进行拓印，如图6-4-3所示。

（4）打开素描纸，完成作品，如图6-4-4所示。

图6-4-2 构图

图6-4-3 着色、拓印

图6-4-4 完成作品

（三）学生习作欣赏

欣赏下列学生习作，如图6-4-5～图6-4-7所示。

作品欣赏

图6-4-5 学生习作1

图6-4-6 学生习作2

作品欣赏

图6-4-7　学生习作3

三、橡皮制版版画

（一）橡皮制版版画的概念及其发展

橡皮制版版画也称橡皮章，是使用小型雕刻刀具在专用于刻章的橡皮砖上进行阴刻或阳刻，制作出可反复盖印的图案的一种手工形式。

中国自古就有印章，秦以前称为玺，主要用于文件上表示鉴定或签署的凭证。一般印章都会先蘸上颜料再印，不蘸颜料印在平面上会呈现凹凸的印章称为钢印，有些是印于蜡或火漆上、信封上的蜡印。制作材质有金属、木头、石头、玉石等。橡皮章与中国传统印章有异曲同工之妙，印章多以书法、文字为主，而橡皮章多以图案、形象为主。

橡皮章制作最早流行于日本、韩国，随后传至中国台湾，2006年后才开始在中国内地快速传播，如图6-4-8所示。

因材质较软，橡皮章的雕刻比石刻、木刻都快，时间也短很多，技法运用也相对较单一，因此可以轻易上手，其表现内容也极为丰富。

橡皮章使用的雕刻橡皮砖比普通橡皮砖体积大，价格便宜且硬度均匀。因此不用普通橡皮砖进行雕刻，如图6-4-9所示。

图6-4-8　橡皮章

图6-4-9　雕刻橡皮砖

（二）雕刻橡皮章常用的工具、材料

雕刻橡皮章常用的工具、材料有硫酸纸、镊子、橡皮、铅笔、美工刀、笔刀、尺子，如图6-4-10所示。

（三）橡皮章的制作步骤

1. 描图

把设计好的图片放在硫酸纸下面（可以用透明胶之类的固定一下，不然会滑动），然后再用铅笔把图描出来，如图6-4-11所示。

图6-4-10　雕刻橡皮章常见的工具、材料

图6-4-11　描图

2. 转印

把硫酸纸上有铅笔印的那一面扣在橡皮上。然后用拨片均匀地刮，注意不要用力过度。

转印好，把硫酸纸轻轻掀起一点，确认一下是不是所有线条都粘上去了，如图6-4-12所示。

3．开始雕刻

雕刻时刀口一般是朝着自己，刀头要朝着线条外侧，这样才能保证线条的稳定，如图6-4-13所示。雕刻时注意以下几点。

图6-4-12　转印

图6-4-13　开始雕刻

（1）下刀：建议呈45°向外推，不容易伤到自己。也有向里拉的。这个需要自己慢慢练出来，找到适合自己的角度。有转弯的地方基本是转橡皮，如果转刀，线条容易歪。

（2）线条：一般来说，新手可以从粗线条开始，慢慢练手感，然后再刻细线条。

（3）留白：就是把橡皮多余的部分切掉。

留白有平留白、搓衣板、格子留白、花留白。图案内部往往使用是搓衣板或格子留白，图案外部使用平留白和花留白，一般来说使用格子留白可以练习下刀的手感。

4．雕刻完成

至此，橡皮章雕刻完成，如图6-4-14所示。

温馨提示：

因橡皮的材质问题，橡皮章不要放在塑料或橡皮砖附近，更不要用塑料容器盛放，否则会相互融化、粘连，导致章面内容缺失，尤其要避免高温接触。可以用木盒、纸盒等盛放，注意不能放在阳光直射的地方。如果需要着不同色彩的印泥，最好在清洗后再另行着色，以免混色。

图6-4-14　雕刻完成

（四）学生习作欣赏

欣赏下列学生习作，如图6-4-15～图6-4-18所示。

作品欣赏

图6-4-15　学生习作1

图6-4-16　学生习作2

图6-4-17　学生习作3

图6-4-18　学生习作4

四、版画名作欣赏

欣赏下列版画名作，如图6-4-19～图6-4-22所示。

作品欣赏

图6-4-19　套色木刻（周兴华）

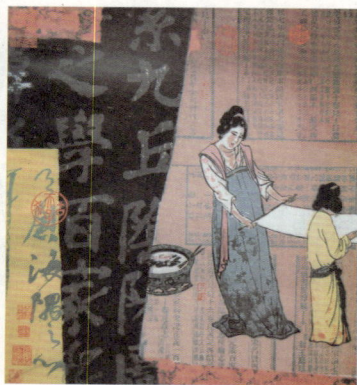

图6-4-20　丝网版画（陈聿强）

图6-4-21　铜版画（易阳）

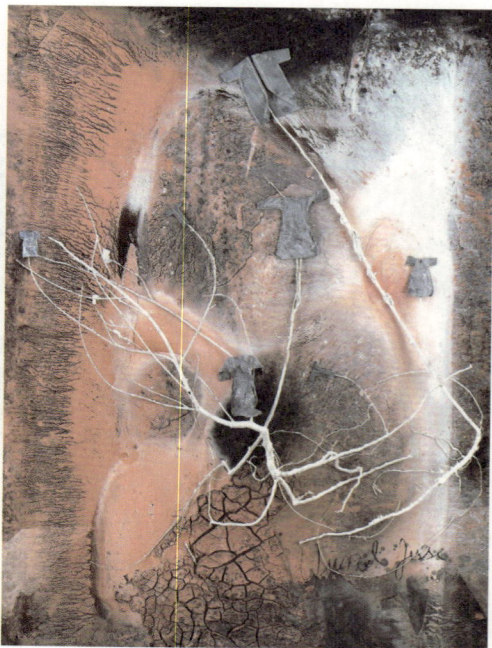

图6-4-22　综合材料版画（安塞姆·基弗　德国）

拓展训练

1. 用剪贴法进行卡纸纸版画作品临摹。
2. 尝试用刻纸凹印版或刻纸凸印印版进行版画制作。
3. 用吹塑纸进行不同题材的版画作品临摹。
4. 选择一幅适合的油画或国画作品用吹塑纸版画的形式进行制版印刷。
5. 选取少量树叶，根据树叶形状和自己的创意进行树叶版画创作。
6. 尝试利用生活中常见的物品和材料，融入综合材料版画的制作。

参考文献

［1］李水成，曾毅. 水彩画技法语言教学［M］. 长沙：湖南美术出版社，2009.

［2］中央美术学院美术史系，中国美术史教研室编. 中国美术简史［M］. 北京：中国青年出版社，2002.

［3］教育部体育卫生与艺术教育司编. 版画［M］. 南宁：广西美术出版社，2009.

［4］盛文林. 雕塑艺术欣赏［M］. 北京：北京工业大学出版社，2014.

［5］潘鲁生，苗红磊. 剪纸［M］. 北京：中国社会出版社，2009.

［6］乔十光. 漆艺［M］. 北京：中国美术学院出版社，2000.